I PROMESSI SPOSI

Copyright © 2010, Gruppo Editoriale L'Espresso S.p.A.
Copyright © 2010, Umberto Eco
All rights reserved

Indice 目次

はじめに　4
物語の登場人物　10

第1章　12
第2章　28
第3章　38
第4章　52
第5章　62
第6章　70
第7章　86
第8章　102
第9章　118

エピローグ　134

おわりに　152
さて思いの丈はどこから来るのか──エーコとマンゾーニ
和田忠彦　156

はじめに

　これから、アレッサンドロ・マンゾーニの『いいなづけ』を対訳で読んでいきます。えっ、あんなに長いものを？ と思われることでしょう。『いいなづけ』であることは間違いないのですが、今回ご紹介するのは、ウンベルト・エーコによる『いいなづけ』。ヨーロッパの古典を、イタリアの現代作家が独自の解釈に立って自らの言葉で語り直したダイジェスト版シリーズ《LA BIBLIOTECA DI REPUBBLICA-L'ESPRESSO》に収められた作品です。シリーズの刊行元であるスクオラ・ホールデン Scuola Holden は、『海の上のピアニスト』の作者アレッサンドロ・バリッコらが1994年トリノに設立した学校で、若者たちが、ジャーナリズム、映画製作、物語の朗読・語りパフォーマンスなどを学んでいます。

ウンベルト・エーコについて

　このシリーズの一環としてマンゾーニの古典を語るウンベルト・エーコは、1932年、ピエモンテ州アレッサンドリアに生まれました。中世学者、記号論学者として、また小説『薔薇の名前』や『バウドリーノ』などの作者として知られています。2015年刊行の小説『ヌメロ・ゼロ』も話題を呼ぶなど、晩年まで活躍を続けたエーコは、若い頃からマンゾーニの長編小説《I promessi sposi 婚約者たち》（邦題『いいなづけ』）の愛読者でもありました。イタリアの国民文学ともいえるこの長大な作品を、現代の読者にもわかりやすい解説をほどこしながら、ユーモアとアイロニーに彩られた独特の語り口で語ってくれています。

原作者マンゾーニについて

　原作者アレッサンドロ・マンゾーニ（1785-1873）はミラノの伯爵家に生まれました。ナタリア・ギンズブルグの書簡体小説『マンゾーニ家の人びと』（須賀敦子訳 白水社）においても彼を取り巻く世界を窺い知ることができますが、マンゾーニが生きたのは、ロンバルディア地方がオーストリアの

《アレッサンドロ・マンゾーニの肖像》
フランチェスコ・アイエツ、1841、ブレラ美術館

はじめに

支配下にあって折からイタリア国家統一「リソルジメント」への機運が高まりつつある時代でした。《I promessi sposi》の出版とともに、彼は一躍、国民作家となったのです。ヴェルディもマンゾーニを敬愛しており、『レクイエム』を作曲したのは、彼の没後1周年追悼ミサ（1874年5月22日）のためでした。

物語の背景となった時代

　《I promessi sposi》は、ロンバルディア地方がスペインの支配下にあった17世紀の史実を背景とした歴史小説です。今日なお、イタリアの中学校で国語の時間に教材として取りあげられる作品で、この小説を知らないイタリア人はひとりもいないと言って過言ではありません。世代によっては、中学時代に暗記した一節を朗々と披露してくれる人も少なくありません。

　「A. マンゾーニによって発見され書き直された17世紀ミラノの物語」との副題がついたこの作品は、「偶然手に入った史料を作者が現代語（つまり19世紀のイタリア語）に書き直した」という歴史小説の手法を取り入れており、史実にまつわる詳細な記述も織り込まれていて、原作を読むと「歴史家マンゾーニ」の顔を窺い知ることもできます。エーコ版では史料を読み解く部分は省かれていますが、《I promessi sposi》を「〈歴史を語ること〉が語られた物語」と評するエーコ自身が、歴史小説の手法をマンゾーニに学んだのは事実です。

　17世紀初頭のイタリア半島は、ローマを中心に広がる教会国家をはさんで、南はナポリ王国とシチリア王国、北は物語の舞台であるミラノ公国のほか、サヴォイア公国、フィレンツェ公国、ヴェネツィア共和国をはじめ、モデナ、パルマなどの小国が分立していました。そのなかで、ミラノ公国は、ナポリ王国、シチリア王国とともに、絶対王政を誇るスペインの支配下に置かれていたのです。スペインとオーストリアという違いこそあれ、外国勢力に統治されている点は、マンゾーニの時代と同じでした。

　《I promessi sposi》の時代設定は1628年11月から1630年の秋口までですが、この2年弱のあいだには、食糧難をきっかけとするミラノの暴動、マントヴァ継承戦争、ペストの蔓延といった歴史に残る大きな事件がありました。こうした時代の流れに翻弄されつつ、結婚を約束した若くて名もないカップルが権力者の横暴に振り回される波乱万丈の物語です。エーコ版においても、この大河ドラマのなかにプロットを創っていくのは、つまるところ「神の御意」であることを読みとることができますし、また、全編を通じて〈ラテン語を振りかざす権力者＝悪〉対〈文字の読めない庶民＝善〉という構図が明確に打ち出されています。「無学こそ善である」のを示すのがマンゾーニの意図であったと、イタロ・カルヴィーノも指摘しています。

La Storia de I Promessi Sposi
raccontata da Umberto Eco

《I promessi sposi》の出版について

　初版は、草稿のタイトル《Fermo e Lucia　フェルモとルチーア》を《I promessi sposi　婚約者たち》とあらためて、1821年から1827年にかけて執筆・出版されました。しかしマンゾーニは、ミラノ訛りの漂う自らの言葉と文体に納得がいかず、フィレンツェを訪れて「洗練されたトスカーナの言葉」、すなわち教養あるフィレンツェ人の話し言葉にじかに触れる機会を持ちます。「アルノ川で言葉の洗濯」をして、イタリア全土に通用する言語に修正した決定版を出版したのです（1840-1842年）。イタリアという国が誕生する以前のその時代に、マンゾーニは「統一言語としてのイタリア語」の必要性を主張し、〈Sulla lingua italiana　イタリア語について〉、〈Dell'unità della lingua e dei mezzi di diffonderla　言語の統一と伝播の方法について〉といった論文も発表しています。マンゾーニが近代イタリア語の成立に果たした役割には測り知れないものがあり、「マンゾーニの言語修正」として知られるこの偉業も、彼が国民作家と呼ばれる所以です。

1840年に出版された改訂版《I promessi sposi—Storia milanese del secolo XVII》の表紙

フランチェスコ・ゴニンによる挿画（1840年決定版、第1章よりアッボンディオ司祭が脅される場面）

　しかし、決定版の刊行に至ったのには、言語修正のほかにも、もうひとつきわめて現実的な理由があったようです。それは、エーコがこの作品の最終章「エピローグ」で明かしてくれます。それを楽しみに、どうか最後まで読んでみてください。

マンゾーニのオリジナル版とエーコ版

　エーコの洒脱な語り口もぞんぶんに楽しんでいただきたいと思いますが、しかしなにぶんにも、細かい文字のペーパーバックで700頁を優に超えるオリジナル作品を、ほぼ5％ほどの量に短縮してダイジェストしているわけですから、ここにご紹介するエーコの作品は、マンゾーニの原作とは別ものであると考えるのが妥当でしょう。マンゾーニが数十頁にわたって詳細に語ったエピソードが、エーコ版ではほんの数行のみ、といったケースも少なくありません。また、マンゾーニの特長のひとつでもある自然描写はエーコ版ではほとんどカットされています。一方、原作のもうひとつの大いなる魅力である人物描写については、エーコも、彼ならではの

はじめに

解釈と語りで、読者を存分に楽しませてくれています。エーコが、現代人としてのコメントを加えながら語ってくれる19世紀イタリアの国民文学には、ひと味もふた味もちがう味わいがあります。ともかく、日本語訳をもってしても、読みとおすには時間のかかる大作のストーリーを、こうしてあっという間に教えてもらえるのは、嬉しいことです。

　しかし、皆さんには、是非とも原作も読んでいただきたい、マンゾーニならではの微に入り細をうがった叙述の味わいにも、是非触れていただきたいと思います。

　エーコ版ではときに、オリジナル版の複数のエピソードがひとつの文章にまとめられている、といったこともあります。エーコの文章はおおむね長めですが、「若い読者に語って聞かせる」口調にしているためもあって、書き言葉であれば不要と思われる間投詞的な言葉などが挿入されていることもあります。そうした味わいは、マルコ・ズバラッリさんの朗読で、存分に楽しんでいただきたいと思います。が、このような理由から、訳文に、原文にはない言葉を補足しているといった箇所も散見されるはずです。エーコが言わんとするところはできる限り忠実に伝え、またマンゾーニの原作との齟齬がないように努めたつもりですので、その点、よろしくご理解くださいますようお願いいたします。

　マンゾーニのオリジナル版は直説法遠過去を基調としていますが、若い読者を想定するエーコは遠過去をいっさい使用せず、直説法大過去などで代用しています。物語そのものが、マンゾーニが語った時点よりも前のできごとであると考えれば納得がいく場合が少なくありませんが、大過去があっても、その文章の前後に対応する過去時制〔直説法半過去や近過去〕があるとは限らないので注意しましょう。反面、接続法や条件法は山のように登場します。また、主語のあとに、たくさんの挿入句をはさんで何行か下にようやく動詞が見つかる、といった長い文章も続出します。脚注での説明には、どうしても限界がありますので、皆さんそれぞれに頑張って、エーコならではの文章の読解に取り組んでください！

　では、長い物語の始まりです。Buona lettura e buon divertimento!

＊ A.マンゾーニ『いいなづけ　17世紀ミラーノの物語』平川祐弘訳 河出文庫全3巻（マンゾーニが1840年版に添えたフランチェスコ・ゴニンらによる挿画つき）。

＊1840年にミラノの Tipografia Guglielmini e Redaelli から出版された《I promessi sposi—Storia milanese del secolo XVII scoperta e rifatta da Alessandro Manzoni》は、《I promessi sposi con le illustrazioni originali di Francesco Gonin》Oscar Classici Mondadori ほか、いくつかのペーパーバック版で入手可能です（2018年1月現在）。

音声ダウンロードについて

本書内で マークがついているイタリア語の音声をNHK出版サイトからダウンロードできます。

▶ まずはこちらへアクセス！
http://nhktext.jp/db-italian

＊NHK出版サイトで該当書名を検索して探すこともできます。

本書音声のパスコード：**u3n3kma7**

- スマホまたはタブレットでは、NHK出版が提供する無料の音声再生アプリ「語学プレーヤー」でご利用ください。
- パソコンでは、mp3形式の音声ファイルがダウンロードできます。各種音声再生アプリでご利用いただけます。

＊NHK出版サイトで簡単な会員登録が必要です。詳しいご利用方法やご利用規約は、上記WEBサイトをご覧ください。

＊ご提供方法やサービス内容、ご利用可能期間は変更する場合がございます。あらかじめご了承ください。

お問い合わせ窓口

NHK出版デジタルサポートセンター
☎ 0570-008-559（直通：03-3534-2356）
10:00～17:30（年末年始を除く）

＊ダウンロードやアプリのご利用方法など、ご購入後のお取り扱いに関するサポートを承ります。

La Storia de I Promessi Sposi
raccontata da Umberto Eco

イタリア語で読む
ウンベルト・エーコの
『いいなづけ』

物語の登場人物

ロンバルディア地方がスペイン支配下にあった17世紀初頭。コモ湖畔の村に住む若者レンツォと村娘ルチーアは結婚を約束していた。しかし、ルチーアを見初めた極悪人の貴族ドン・ロドリーゴが、用心棒を使って司祭を脅す。「**この結婚式は挙げてはならない**」。危険を感じたふたりは、クリストーフォロ神父に助けを求めて故郷を離れ、ルチーアはモンツァへ、レンツォはミラノへと向かい、離ればなれになる。それぞれに困難に立ち向かうふたりのいいなづけの行方は……!?

Don Abbondio
アッボンディオ司祭
地元の教区司祭。大変な臆病者。

Perpetua ペルペトゥア
アッボンディオ司祭の家政婦。脅しに怯える司祭に冷静なアドバイスをする年嵩の女。

Renzo
レンツォ（本名ロレンツォの通称）
製糸業に従事する村の若者。ルチーアのいいなづけ。結婚直前に、アッボンディオ司祭に式をドタキャンされるが、ルチーアとの結婚を諦めない。

L'Innominato
インノミナート（左）
名前不詳の貴族。悪辣さにおいて随一。ドン・ロドリーゴに、ルチーアの誘拐を依頼される。

Padre Cristoforo
クリストーフォロ神父
高潔な聖職者。本名をロドヴィーコという。裕福な商人の息子だったが、ある事件を機に生涯を弱者に捧げることを決意、修道士となる。

Il cardinale Federigo Borromeo
フェデリーゴ・ボッロメーオ枢機卿（右）
ミラノの枢機卿。すぐれた人格と豊かな学識を備えた聖職者。17世紀ミラノに実在した枢機卿。

物語の登場人物

Don Rodrigo
ドン・ロドリーゴ

地元の貴族。横柄で凶暴。ルチーアを手に入れるために、アッボンディオ司祭を脅し、レンツォとルチーアの結婚を止めてしまう。

Il Griso
グリーゾ

暴君ドン・ロドリーゴに仕える用心棒たちの頭。

Lucia
ルチーア

製糸工場に勤める信心深い村娘。レンツォのいいなづけ。

Agnese アニェーゼ
ルチーアの母。世間智に長けており、娘とレンツォが結婚できるよう、知恵と行動力を発揮する。

Azzeccagarbugli
アッツェッカガルブッリ（通称）

地元のベテラン弁護士。訪ねてきたレンツォが、暴君ロドリーゴの裁きを求めていると知るやいなや、追い返す。

Gertrude
ジェルトルーデ

尼僧。ミラノの公爵家の末娘で、意に反して修道女となる。この世のすべてを恨む。

Egidio
エジーディオ

やくざな貴族。ジェルトルーデの修道院の隣に住む。大悪党インノミナートの腹心の部下。

第1章の登場人物と解説

　エーコの物語は全9章＋エピローグという構成です。スピーディーな語りのおかげで、第1章完結をもって、マンゾーニの原作（全38章）の第3章まで到達することになります。第1章冒頭では、物語の舞台である17世紀のミラノとロンバルディア地方がスペイン支配下にあったこと、村の教区司祭のことなどが語られます。そして第1章の後半は、いよいよドラマの始まりです。
　登場人物は登場順に以下のとおりです。

- **Don Abbondio** ……………………… アッボンディオ司祭　地元の教区司祭
- **Perpetua** …………………………… ペルペトゥア　アッボンディオ司祭の家政婦
- **Renzo** (Lorenzo Tramaglino) ……… レンツォ（ロレンツォ・トラマリーノ）
  　　　　　　　　　　　　　　　　　　製糸業に従事する村の若者。村の娘ルチーアの婚約者
- **Lucia** (Lucia Mondella) …………… ルチーア（ルチーア・モンデッラ）
  　　　　　　　　　　　　　　　　　　製糸工場に勤める村の娘
- **Agnese** ……………………………… アニェーゼ　ルチーアの母親
- **Azzeccagarbugli** …………………… アッツェッカガルブッリ　地元の弁護士

このほか、いわくつきの横暴な貴族 **Don Rodrigo** ドン・ロドリーゴが話題にのぼり、彼のお抱え用心棒 **bravo** ブラーヴォ（普通名詞）2名が登場します。

　舞台となるコモ湖の周辺は昔から絹産業がさかんな地域です。不正は許せないレンツォ、曲がったことには目もくれないルチーアは、ともに製糸工場で働く堅気の若者。このふたりが主人公としての存在感を早くも漂わせますが、第1章前半で臆病者として紹介されるアッボンディオ司祭は、権力者がらみの脅しにただオロオロするばかり。御多分にもれず聖職者の適性には欠ける小心者のようです。その一方で、世間智と、それなりに冷静な判断で精彩を放つのは、ふたりの年嵩の女性、アッボンディオ司祭の家政婦ペルペトゥアとルチーアの母親アニェーゼです。気の小さいアッボンディオ司祭とインチキ弁護士アッツェッカガルブッリがともに、権力を振りかざす武器として相手が理解できない「ラテン語」を持ち出すのも笑えます。
　ところで、マンゾーニの原作でも、なかなか楽しい人物描写に出会うことができます。たとえば、アッボンディオ司祭が、散歩から聖務日課を唱えつつ帰宅する途中、行く手にブラーヴォの姿をみとめたときの動揺、エーコが farsela addosso（第1章 p.16 脚注2、p.21 脚注6）のひと言で見事に言ってのけた狼狽のさまは、マンゾーニにおいてもすぐれた人物描写のひとつとされています。その部分を原文からご紹介しましょう。

第1章 解説

　そのふたりがだれかを待ち伏せしているのは、どう見ても明らかだった。アッボンディオ司祭がもっといやだったのは、その仕草からして、ふたりが待ち受けているのがどうやらこの自分らしいと認めざるをえなかったことである。
　彼の姿が見えるなり、ふたりとも顔をあげて「来たぞ」と目配せするのが見てとれたのだ。
〔中略〕
　彼は聖務日禱書をあたかも読んでいるかのように開いたまま掲げ持ち、上目づかいでふたりのようすをうかがった。ふたりがまさにこちらに近づいてくるとわかるや、とつぜんあれやこれやの思いが込みあげた。
　真っ先に浮かんだのは、あいつらとわしのあいだに、右でも左でもいい、脇にそれる道はなかったか、ということだ。ないに決まっていた。
　だれかお偉方とかまずい相手の機嫌をそこねるようなことをしただろうか、と頭を急回転させる。だが、これほどうろたえていても、良心は、やましいところはないと確約してくれた。しかし、ブラーヴォどもはこちらをじっと見据えて近づいてくる。

司祭を待ち伏せるブラーヴォたち
（1840年版、第1章より）

　襟を直す振りをして左手の人差し指と中指を襟首に入れると、二本の指で首筋をなぞりながら、口までゆがめて顔を後ろによじった。だれか来てくれないかと視線のとどくかぎり目を凝らすが、人影はない。道に沿ってしつらえてある壁の向こうの畑にも人っ子ひとりいない。こんどはおずおずと行く手に目をやる。そこにあるのはブラーヴォの姿ばかり。
　どうしたものか？ 引きかえすか？ 今さらそれはまずい。逃げ出すか？ それじゃ、追っかけて来いと言っているようなものだ。もっとひどいことになる。
　窮地から脱することはできそうにないので、急ぎ足でふたりのほうに歩み寄ることにした。こうなった以上、どっちつかずでいるのは耐えがたい。ともかくはやくケリをつけたかった。
　　　　　　　　（Manzoni: I promessi sposi, Oscar Classici Mondadori 1995, cap.1 p.16-17）

　さて、エーコ版のイタリア語についてみると、第１章の後半は -accio, -otto など、名詞につく「接尾辞」のオンパレードです。名詞に形容詞的なニュアンスを添える接尾辞をエーコはこのあとも好んで使っています。同じ接尾辞でも、どの名詞につくかによって意味が微妙に変わってくる場合もあるので注意しましょう。また、ジェルンディオや不定詞の用法などにも気をつけながら、エーコの語りを楽しんでください。

La Storia de I Promessi Sposi
raccontata da Umberto Eco

Capitolo Uno

🔊 1

C'era una volta...

"Un re!", diranno subito i piccoli lettori abituati alle favole. Nossignore, questo è il modo in cui incomincia *Pinocchio*[1], che è una bellissima favola, mentre quella che stiamo per raccontare è una storia quasi vera. Dico "quasi" perché chi l'ha raccontata, il signor Alessandro[2], un nobile milanese di circa duecento anni fa, con una bella faccia buona da cavallo un poco triste, sostiene di averla trovata su dei fogliacci[3] che oggi sarebbero vecchi di almeno quattrocento anni, visto che la storia si svolge nel milleseicento e rotti[4].

Dunque, ricominciamo. Sì, anche qui c'era una volta un re, che era il re di Spagna, ma nella nostra storia non appare mai se non da lontano[5]. Invece quella volta lì c'era un parroco pauroso, ma

---

脚注

1) **incomincia *Pinocchio*** コッローディの『ピノッキオの冒険』Collodi《Le avventure di Pinocchio》1883は次のように始まる。〈"C'era una volta..." "Un re!" diranno subito i miei piccoli lettori. "No, ragazzi, avete sbagliato. C'era una volta un pezzo di legno. 「むかしむかしあるところに……」「王様がいた！」おとぎ話が好きな小さな読者のみんなは、すぐさまそう言うだろうね。ちがうんだよ、きみたちまちがってしまったね。むかしむかし、木の切れっぱしが一切れあったんだ。〉エーコは、No, ragazzi, に代えてNossignore, と言っている。Nossignore は、否定を強調する表現なので、signore だからといって、読者に大人を想定していると考える必要はない。

2) **chi l'ha raccontata, il signor Alessandro**　perché 〜の節の主語 chi（関係代名詞「〜である人」）に対応する動詞は3行下の sostiene. そのあいだに chi 〜, およびそれと同格の il signor Alessandro と un nobile

第 1 章

　むかしむかしあるところに……

「王様がいた！」おとぎ話が好きな小さな読者のみんなは、すぐさまそう言うだろうね。ちがうよ、それは『ピノッキオの冒険』の出だし。『ピノッキオ』はすてきなおとぎ話だけれど、これから一緒に読んでいくのは、もしかすると本当にあったかもしれないお話なんだ。「もしかすると」っていうのはね、この物語を語った人であるアレッサンドロさんが、この話が、およそ200年ほど前の黄ばんだ紙切れに記されているのを見つけた、と言っているからなんだ。このお話の時代背景は1600年を迎えて少し後のことだから、今からすればおよそ400年くらい昔の物語、ということになる。アレッサンドロさんっていうのは200年ほど前のミラノの貴族で、ちょっと寂しげな馬みたいな優しい顔立ちのイケメンおじさんだよ。

　さて、始めるとしよう。そう、このお話でも、むかしむかし王様がいた。でもそれはスペインの王様で遠くにいたから、物語のなかにはいるんだかいないんだか、はっきりと姿は見えないんだ。それじゃだれがいたのかっていうと、その頃いたのはひとりの臆病な司祭だった。

---

　　milanese ～が挿入されている。〈sostenere di ＋ 不定詞の複合形 averla trovata〉で「～したと主張する」。
3) **fogliaccio**　劣悪な状態の紙きれ。**foglio**（紙きれ）＋接尾辞 -accio（蔑称）「劣悪さ」を示す。
4) **visto che la storia ～ nel milleseicento e rotti.**　1628年11月から1630年秋までの約1年8か月にわたる史実を背景としているので21世紀の現代からすると400年以上ほど前の物語。visto che は接続詞句「～なので」（理由）。**nel milleseicento** 1600年に。**e rotti**「～と少し」*cf.* 大文字 *nel Milleseicento* ＝「17世紀に」。
5) **era il re di Spagna, ma nella nostra storia non appare mai se non da lontano**　スペインの支配下にあった17世紀のロンバルディア地方で実権を握っていたのは地つきの有力者。il re di Spagna の姿は「遠くからでなければ決して現れない」。

La Storia de **I Promessi Sposi**
raccontata da Umberto Eco

così pauroso che bastava che il vento facesse sbattere una persiana[1] e dalla paura se la faceva addosso[2] (scusate l'espressione un poco volgare, voi non usatela mai, ma io posso perché il nostro parroco era davvero pauroso sino a quel punto).

Ma come, mi direte, un parroco non deve seguire i precetti del Vangelo, essere buono, generoso e coraggioso nel difendere i suoi parrocchiani? Non leggiamo oggi di preti che sono stati addirittura ammazzati[3] perché si sono battuti contro i mafiosi o i camorristi? Eh sì, ma lo scrittore con la faccia da cavallo, pur essendo un buon cristiano, sapeva che gli uomini possono essere coraggiosi o paurosi, indipendentemente da quanto il loro mestiere richiederebbe. E sapeva anche che allora molti si facevano prete o frate (o suora) non perché ne sentivano la vocazione e avevano vero spirito di sacrificio, ma perché erano tempi di gran miseria, e per un povero diventare prete o frate (o suora) era un modo di assicurarsi che per il resto della vita non avrebbe forse scialato troppo, ma non sarebbe morto di fame[4]. E così poteva accadere che diventasse parroco qualcuno che ai precetti del Vangelo ci faceva pochissimo caso e tirava a campare[5].

脚注

1) <u>così</u> pauroso <u>che</u> bastava *che* il vento facesse sbattere una persiana　così ～ che... で「…なほど～だ」。２番目の che は非人称構文《basta che ＋接続法》の接続詞。主節の動詞が bastava（直説法半過去）なので、接続法は facesse（半過去）。《fare ＋不定詞》で〈使役〉「sbattere させる」
2) farsela addosso は「おもらしする」の俗語的表現。
3) sono stati addirittura ammazzati は〈受動態〉〈直説法近過去〉。強意の副詞 addirittura「まさしく」が essere と過去分詞のあいだに挿入されている。i mafiosi, i camorristi はそれぞれ、「犯罪組織マフィア（シチリア）とカモッラ（ナポリ）のメンバー」。実際に殺されたのはたとえばパレルモのピーノ・プリージ Pino Puglisi 神父。1993年マフィアに殺害され、2013年５月に福者に列せられた。

Capitolo
Uno

　どれくらい臆病だったかっていうと、鎧戸が風でバタンと閉まっただけで、ビビってチビッちゃうほどだったんだ（ちょっと品のない言葉を使っちゃったね、ごめん。きみたちはぜったいにこんな言葉を使ったらだめだよ。でも私はいいんだ、だって、この司祭は、本当にそれくらい怖がりだったんだから）。

　え？　それはないでしょ？　って、きみたちは言うだろうね。司祭さまっていうのは、聖書の教えを守って、善良で心が広くて、勇気をもって教区の信者たちを守らなくてはいけないんじゃないの？　近頃の新聞にはマフィアやカモッラと闘ってけっきょく殺されてしまった司祭たちのことが載っているくらいだもの、って。確かにそのとおり。でもね、馬みたいな顔のこの作家は、善きキリスト教徒ではあったけれど、聖職者ならこういう人物でなくてはいけないということにはおかまいなしに、勇敢な人もいれば臆病な人もいる、ということがわかっていたんだ。根っからの犠牲的精神の持ち主で天命と感じるから、っていうのではなく、当時はみんなものすごく貧しかったから、それで司祭や修道士や修道女になる人が大勢いた、ということも、彼はよく理解していたんだよ。貧しい人は、司祭とか修道士とか修道女になれば、その先、たぶん贅沢三昧はできないにしても、食べるのに困らない生活は保証されていたからね。だから、聖書の教えなんかどうでもよくて、生きていけさえすればそれでよいだれかさんが、司祭になることだってじゅうぶんありえた、というわけだ。

4) **per il resto della vita non *avrebbe* forse *scialato* troppo, ma non *sarebbe morto* di fame**
   ふたつの条件法過去はともに〈過去から見た未来〉。「司祭や修道士になること」（不定詞 diventare の名詞的用法）が、「その後の人生で～であろうことを保証する方法だった」。

5) **poteva accadere che ～ e tirava a campare.** 〈accadere che ＋ 接続法〉非人称構文を補助動詞 poteva（可能性）と併用している。qualcuno を先行詞とする関係代名詞 che... の節の直説法半過去 faceva, tirava は主節の poteva との〈時制の一致〉。fare caso a ～「～を気にかける」の ai precetti del Vangelo を動詞の前に倒置し、さらに代名詞 ci で繰り返している。

La Storia di I Promessi Sposi
raccontata da Umberto Eco

Erano tempi duri. La Lombardia, dove si svolge la nostra storia, era in gran parte sotto il dominio degli spagnoli, i quali si appoggiavano a una serie di nobili grandi e piccoli, che[1] in compenso avevano licenza di commettere molte prepotenze. Vivevano spesso a Milano, ma anche in castellacci e palazzotti[2] a picco sui vari paeselli[3], difesi dai loro *bravi*.

Chi erano questi bravi, o *bravacci*[4]? Oggi li chiameremmo guardie del corpo, ma attenzione: erano dei veri e propri mascalzoni che ne avevano commesse di cotte e di crude[5]. I signorotti[6] li prendevano al loro servizio evitandogli la prigione o la forca[7], e loro in compenso erano pronti a accontentarli per ogni prepotenza che quelli volessero commettere – e le prepotenze erano raramente tra signore e signore, ma di solito tra signore e povera gente[8].

脚注

1) **i quali si appoggiavano a una [...] piccoli, che** 〜 関係代名詞 i quali の先行詞は gli spagnoli、che の先行詞は nobili grandi e piccoli。《una serie di》で「まとまった数の」。この貴族たちはもともとロンバルディア地方に在住していた。
2) **castellacci e palazzotti** castello「城」＋接尾辞 -accio〈軽蔑〉、palazzo「屋敷、館」＋接尾辞 -otto〈軽蔑〉。-otto は〈小ささ〉〈親しみ〉を表す場合もある。
3) **paesello** paese「村」＋接尾辞 –ello〈小ささ〉
4) **bravaccio** 下っ端の用心棒。bravo「用心棒」＋接尾辞 -accio〈軽蔑〉

Capitolo
Uno

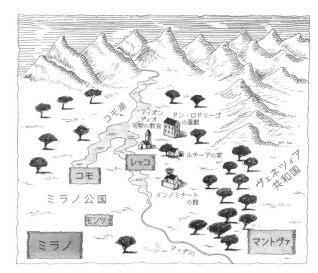

　過酷な時代だったんだよ。当時、この物語の舞台であるロンバルディア地方は、ほとんどがスペインの支配下にあった。スペインの人たちは地つきの大小貴族をうまいこと利用し、その見返りとして、貴族たちにはやりたい放題の勝手な振る舞いが許されていた。貴族はたいていミラノに住んでいたけれど、周辺の小さな村の高台にそびえるおんぼろの城や屋敷に、お抱えの「ブラーヴォ」たちを護衛につけて暮らしていることもあった。

　ところで、ブラーヴォとかブラヴァッチョって、いったい何者なんだ？　今ならさしずめ、ボディガードといったところかな。でも、ちょっとちがう。こいつらは、どんな悪さでもやらかすとんでもないならず者だった。貴族の輩は、こいつらを雇うことで牢屋にぶちこまれたり、絞首台送りになったりしないように守ってやり、そのお返しに、ブラーヴォどもは望まれればどんな暴挙でもへっちゃらでこなして、旦那たちのご機嫌をとろうとした。貴族が、だれかほかの貴族を相手にそんな振る舞いに出るのは稀で、被害を受けるのはたいてい弱い立場の人たちだったんだ。

---

5) **commetterne di cotte e di crude**　あらゆる悪事を働く。
6) **signorotto**　signore「貴族」＋接尾辞 -otto
7) **evitandogli la prigione e la forca**　evitare のジェルンディオ evitando ＋ 間接目的語代名詞 gli。《evitare ～ a ＋人》で「人に～を逃れさせる」。
8) **povera gente**　「貧しい人たち」だが、貴族に比べれば貧しいとはいえ、それなりの仕事を持ち貧困に窮しているわけではないので、〈権力を持たない者〉の意味にとる。この部分を文字通りに訳すと「暴挙は貴族と貴族のあいだにはほとんどなく、ふつうは貴族と弱者のあいだで行われた」。

La Storia de I Promessi Sposi
raccontata da Umberto Eco

    Riconoscere un bravo era facile: a parte la faccia che metteva paura solo a guardarla, a parte l'armamentario di coltellacci, spadoni e tromboni (ovvero schioppi, fucilacci[1] grandi come cannoni) che tenevano addosso, avevano i capelli raccolti in una reticella per non far vedere un enorme ciuffo che, quando dovevano commettere qualche birbonata, si calavano sul viso, in modo che nessuno potesse riconoscerli.

    Insomma, se volete farvi un'idea di come fosse un bravo, pensate a tutti i film di pirati che avete mai visto: bene, tutti gli uomini di Capitan Uncino[2], di fronte a un bravo, sarebbero parsi angioletti sul tetto della capanna del presepio[3].

    Ora, il parroco pauroso di cui parlavamo, che si chiamava don Abbondio[4] ed era curato di un paesello sulle rive bellissime del lago di Como, una sera, mentre se ne andava tranquillo verso casa,

incontra due bravi che hanno tutta l'aria di aspettare proprio lui. Al solo vederli[5] già stava per fare quel che ho detto prima[6] e che per buona educazione non ripeto.

脚注

1) **fucilaccio**　fucile「銃」＋接尾辞 -accio
2) **Capitan Uncino**　スピルバーグ監督『フック』（1991年）の主人公。ディズニーのアニメ映画『ピーター・パン』にも登場する。capitan は capitano「船長」の語末の -o の語尾切断。uncino は「鉤、フック」の意。
3) **angioletti sul tetto della capanna del presepio**　angioletto = angiolo (angelo と同義)「天使」＋接尾辞 -etto〈小ささ〉。presepio はキリスト生誕の馬小屋の模型。

Capitolo
Uno

　ブラーヴォはひと目でそれとわかる格好をしていた。まずは、見るからにおそろしい形相だったし、短刀と太刀とトロンボーン（大砲みたいにでかくてカッコ悪い銃のことだよ）を背負って武装していた。しかも、髪をネットにしまいこんでいた。悪さをするときだれかに顔を見られるとヤバいので、長く伸ばした前髪がばさりと垂れ下がるようにネットのなかに隠していたんだ。

　そうだな、ブラーヴォがどんなふうかイメージしたかったら、これまでに観た海賊映画をぜんぶ思い出してみるといいよ。たとえば、フック船長の手下が、全員総出でブラーヴォひとりに立ち向かったとしよう。海賊たちは、ま、せいぜいプレゼピオの小屋の屋根にとまったかわいらしい天使たちってところだったろうよ。

　さて、例の臆病な司祭に、アッボンディオ神父といって、コモ湖に面したいそう美しい岸べにある小さな村の主任司祭だった。とある夕方、おだやかな心地で家路に

ついていたときに、ふたりのブラーヴォに出くわしてしまったんだ。ほかでもない自分を待ちぶせしているらしい。ふたりの姿が目に入っただけで、前に言ったアレをしちゃいそうだったのだけれど、ここはお行儀よく、あの言葉を繰り返すのはやめておくね。

---

4) **don Abbondio**　don は聖職者や貴族につける称号。
5) **al solo vederli**　《a + 不定詞》で「〜すると」。《al solo + 不定詞》「〜するだけで」定冠詞 il がついて、不定詞の名詞的用法であることが明確になっている。
6) **già stava per fare quel che ho detto prima**　p.16 脚注 2 参照。

La Storia de I Promessi Sposi
raccontata da Umberto Eco

Facciamola corta come l'avevano fatta¹ i bravi. "Reverendo", gli avevano detto, "voi domani dovreste² sposare quella ragazza, Lucia Mondella, con quel giovanotto che si chiama Lorenzo³ o Renzo Tramaglino. Bene, non sposateli, altrimenti vi potrebbe capitare qualcosa di brutto." E non avevano avuto bisogno di spiegare a don Abbondio cosa poteva capitargli, perché era chiaro, da quei denti aguzzi che mostravano sorridendo come tigri, che si trattava o di una coltellata o di una schioppettata o di tutte e due⁴.

Don Abbondio aveva tentato qualche protesta, e i bravi gli avevano fatto capire che venivano a nome di don Rodrigo⁵.

Don Rodrigo! Al solo sentirlo nominare a don Abbondio tremavano le vene e i polsi. Era uno dei signorotti di cui dicevo, ma forse il peggiore, prepotente e violento. E perché don Rodrigo non voleva che Renzo e Lucia si sposassero? Se non subito, don Abbondio l'aveva capito dopo, parlandone proprio con Lucia. Don Rodrigo era, come oggi si direbbe, un "bullo" che godeva a fare prepotenze ai più deboli di lui. Come fanno i bulli d'oggi, mentre s'annoiano stando a cavallo di un motorino o di una motocicletta, dava noia alle ragazze che passavano per il paese tornando dal lavoro in filanda.

脚注

1) **farla corta**　手短に言う。また、l'avevano fatta のように直説法大過去が直説法遠過去の代わりに用いられることが、エーコ版では少なくない。
2) **voi domani dovreste**　voi = don Abbondio。この時代には voi が2人称単数の代名詞として用いられた。tu と Lei の中間的ニュアンス。
3) **Lorenzo**　以後、語頭の Lo- を省いた通称 Renzo の名で登場する。

Capitolo
Uno

　このブラーヴォどもがどうしたか、かいつまんで話しておこう。こんなふうに言ったんだ、「司祭さんよ、明日、あの娘ルチーア・モンデッラと、ロレンツォだかレンツォ・トラマリーノだかっていうあの若者の結婚式を挙げるご予定のようですな。その件ですがね、ふたりを結婚させてはなりませんぞ。さもないと司祭さんの身にとんでもないことが起こるやもしれませんからな」。何が起こるというのか、それはアッボンディオ司祭に説明するまでもなかった。虎のようにニタッと笑ったときにのぞいた鋭い歯から、ほかならぬ剣のひと突きあるいは発砲、もしくはその両方であるのは明らかだった。
　アッボンディオ司祭だって、ちょっとは言い返そうとしたのだよ。すると、ブラーヴォどもがドン・ロドリーゴの名前をちらつかせたんだ。
　ドン・ロドリーゴ！　その名前を耳にしただけでもう、アッボンディオ司祭は血管が全身ばくばく脈打った。例の貴族のひとりだが、横柄なうえに凶暴で、たぶんいちばん手に負えないクセモノだ。それにしてもなぜ、ドン・ロドリーゴはレンツォとルチーアを結婚させたくないのだろう。すぐにではなかったけれど、後になってルチーア本人から話を聞いて、アッボンディオ司祭は事情をのみこんだ。ドン・ロドリーゴは今ふうに言えば「不良おやじ」で、自分より弱い者に対するパワハラを楽しんでいた。昨今の不良どもがスクーターやバイクを乗りまわしてたいくつしのぎをするみたいに、彼は紡績工場からの仕事帰りに村をとおる娘たちに嫌がらせをしていたのだ。

4) si trattava o di una coltellata o di una schioppettata o di tutte e due　《trattarsi di ～》は essere ～ とほぼ同義。《o A o B o C》は、それぞれの前に接続詞 o を置いて「A または B または C」。
5) don Rodrigo　don Abbondio には「アッボンディオ司祭」の訳語をあてるが、この don は貴族の称号なので「ドン・ロドリーゴ」とする。

La Storia de **I Promessi Sposi**
raccontata da Umberto Eco

4

Don Rodrigo aveva dato noia a Lucia, immaginate con quali pesanti complimenti¹, quella aveva tirato dritto senza rispondergli, e ora don Rodrigo voleva non solo vendicarsi, ma anche impedire che², sposandosi, quella sfuggisse alla sua corte e alle sue grinfie.

Quando don Abbondio torna a casa, sentendosi morire, si confida con³ la sua governante Perpetua. Perpetua gli consiglia di andare a denunciare il fatto all'arcivescovo di Milano⁴, che aveva fama di essere un protettore di poveri e raddrizzatore di ingiustizie, ma don Abbondio ha paura a fare persino quello. Passa una notte d'inferno, e il mattino dopo, quando Renzo si presenta per mettere a punto i particolari del matrimonio, trova una serie di scuse senza senso, gli sbatte addosso una caterva di parole in latino che quel poveretto non capisce, e alla fine gli fa soltanto intendere che, tutto sommato, è molto meglio che lui e Lucia non si sposino.

Renzo è un bravo ragazzo, ma ha il suo caratterino⁵, riesce a far parlare Perpetua, e capisce che all'origine del fattaccio⁶ c'è don Rodrigo. Corre a raccontare tutto a Lucia e a sua madre Agnese, e così viene a sapere delle insidie di quel mascalzone.

脚注

1) **pesanti complimenti** うんざりするようなお世辞の数々。
2) **voleva non solo vendicarsi, ma anche impedire che ~** 仕返しするだけでなく、結婚することによって（sposarsi のジェルンディオ sposandosi）、彼女が彼の求婚と爪から逃れるのを阻止したかった。
3) **torna a casa, ~ si confida con ~** ここから時制は直説法現在が基調となる。めまぐるしく展開する場面への臨場感を読者にもたせるための「歴史的現在」。p.20 下から 4 行目にも、現在形 incontra, hanno

Capitolo Uno

ドン・ロドリーゴはルチーアにもつきまとった。いったいどんなおべんちゃらをしつこく並べたてたんだろうね。ルチーアは、見向きもせずにさっさと帰途を急いだ。そこでドン・ロドリーゴは、ソデにされた意趣返しの域を越え、自ら結婚してこの娘を猛禽(もうきん)のような手中におさめ、逃げられないようにしてやろうと企んでいたのだ。

生きた心地もしないで帰宅したアッボンディオ司祭は、家政婦のペルペトゥアにことの次第を打ち明ける。ペルペトゥアは、弱い者を庇護(ひご)し不正に厳しく立ち向かうことで名高いミラノの大司教に、この件を訴えに行くべきだと勧める。しかし、小心者のアッボンディオ司祭は、訴えに行くだなんて、それだけでもおっかなくてたまらないのだ。彼は地獄のような一夜を過ごす。翌朝、レンツォが結婚式の詳細の取り決めに姿を見せると、わけのわからない言い訳をあれやこれやと並べたてた。レンツォにはかわいそうにチンプンカンプンのラテン語を山のように浴びせたあげく、ともかく、彼とルチーアは結婚しないに越したことはない、ということだけを、ようやくわからせたのだ。

レンツォは立派な若者だが、ちょっと意固地なところがあるから、おいそれと引き下がらない。ペルペトゥアからうまいこと話を聞きだして、このとんでもない事態の発端にドン・ロドリーゴがいることを突きとめる。すぐさまルチーアと彼女の母アニェーゼのもとに駆けつけてすべてを告げ、そこでならず者の策謀を知るにいたる。

がすでに登場している。

4) **arcivescovo di Milano** 実在の Federigo Borromeo ミラノ大司教 (1564-1631)。本書でも第7章に登場。ここでのペルペトゥアの勧告は第7章の伏線となっている。

5) **caratterino** carattere「気骨」+ 接尾辞 -ino (縮小辞)。少し強めの個性。

6) **fattaccio** fatto「できごと」+ 接尾辞 -accio

La Storia de I Promessi Sposi
raccontata da Umberto Eco

 Renzo non solo ha la mosca al naso facile[1], ma anche un coltello alla cintura, come d'altra parte[2] quasi tutti a quei tempi, e lascia intendere che[3] vorrebbe andare nel palazzo di don Rodrigo e fare una strage. Immaginiamoci[4], lui da solo contro una masnada di bravi, lui che non aveva mai torto un capello a nessuno[5]. Aveva perso la testa.

 Agnese lo convince, piuttosto, ad andare a chiedere aiuto a un avvocatone[6] dei dintorni, così abile nel risolvere i casi più difficili, che lo avevano soprannominato l'Azzeccagarbugli[7]. Ci va, e portandogli in regalo due capponi. All'inizio non si spiega bene, e l'avvocato, credendo che sia un bravaccio anche lui, sarebbe pronto a fargli scansare l'arresto; e, per darsi importanza[8], si esprime con parole difficili e frasi latine. Ma quando si rende conto che invece Renzo chiede giustizia contro il signore più potente del luogo, allora l'Azzeccagarbugli lo caccia via di casa, restituendogli addirittura i capponi. Lui stesso è consigliere di don Rodrigo, per chissà quali[9] sporche faccende! E coi potenti, non vuole avere grane.

脚注

1) **avere la mosca al naso facile**　簡単に鼻に蠅を入れる（我慢できないことを抱える）⇒ 怒りっぽい。
2) **d'altra parte**　とはいっても
3) **lascia intendere che ~**　～と理解するにまかせる。自然にわからせる。《lasciare ＋不定詞》で「～させておく」（放任）。lascia の主語はレンツォ。レンツォが che ～であることを周囲にそれとなくわからせる。
4) **immaginiamoci**　再帰動詞 immaginarsi「想像する」の命令法 1 人称複数形。想像してみようよ、と読者に語りかける。同義の figuriamoci（← figurarsi）も以後頻出。
5) **torcere un capello a ＋人**　（人の髪の毛をよじる→）人にほんのちょっと意地悪をする。

Capitolo
Uno

　レンツォはキレやすい性質であるうえに、ベルトには短刀までぶら下げている。もっとも、当時はほとんどだれもがそうしていたのだけれどね。ともかく、彼がドン・ロドリーゴの屋敷に乗りこんで、大量殺戮をやりたがっているのがわかる。考えてもみようよ、彼がたったひとりでブラーヴォの一団を相手にしたらどういうことになるか。これまでだれにも、一度も、これっぽっちも悪さなんかしたことがないっていうのに。頭に血が上っていたのだね。

　アニェーゼは、それよりむしろ、地元のベテラン弁護士に助言を求めに行くよう彼を説得した。どんなに込みいったトラブルでもまたたく間に解決してしまうので、アッツェッカガルブッリのあだ名で呼ばれる弁護士だ。レンツォは２羽の雄鶏を手土産に彼を訪ねる。最初のうち、レンツォの説明がぎこちなくて何を言いたいのかよくわからなかったものだから、ひょっとするとこの男もどこかの下っ端用心棒かもしれないと踏んだ弁護士は、逮捕されそうになっているのなら助けてやるのも悪くないかも、と考えた。そこで格好をつけようと、こむずかしい言葉やらラテン語のフレーズやらをまくしたて

る。しかし、実はレンツォが土地の最有力者を敵にまわして裁きを求めているのだとわかるや、アッツェッカガルブッリは、土産の雄鶏まで突き返して彼を家から追いはらった。いったいどのような汚い裏取引があってのことか知らないけれど、この弁護士本人が、ドン・ロドリーゴの相談役だったのだ。やつだって、オオモノとのあいだにもめごとなんか起こしたくないものね。

6) **avvocatone**　avvocato「弁護士」＋ 接尾辞 -one（拡大辞）
7) **Azzeccagarbugli**　azzeccare「的中させる、言い当てる」の命令法２人称単数形 azzecca ＋ garbuglio「紛糾、もつれ」の合成名詞。強いて訳せば「モツレホドキ」。実態は「インチキ弁護士」。あだ名には l'Azzeccagarbugli のように定冠詞がつく。
8) **darsi importanza**　自分を偉そうに見せる。
9) **chissà quali ~**　《chissà（← chi sa）＋ 疑問詞》で「果たして、いったい~」。

第2章の登場人物と解説

エーコが語る『いいなづけ』の物語、第2章です。
今回新しく登場する人物は、以下のとおりです。

● Padre Cristoforo (Lodovico) ……… クリストーフォロ神父（ロドヴィーコ）
高潔な聖職者。本名をロドヴィーコという。

　クリストーフォロ神父は、臆病者のアッボンディオ司祭とは正反対の高潔な人物です。この人物を、エーコは第2章全体を費やして紹介しています。マンゾーニも、彼の《I promessi sposi》の第4章をすべてクリストーフォロ神父に捧げました。それくらい、物語のなかで重要な役割を果たす人物です。

　50代後半に差し掛かるクリストーフォロ神父は本名をロドヴィーコといって、もとはといえば金持ちの商人のひとり息子でした。何ひとつ不自由なく育ちましたが、商人という身分で、自らが生まれ育った町にのさばる傲慢な貴族たちと接触することの心地悪さも感じていました。それがどの町であったか、マンゾーニは地名をあえて伏せています。

クリストーフォロ神父
（1840年版、第4章より）

　身を守る必要から、貴族同様、用心棒(ブラーヴォ)も雇っていましたが、幼い頃から身の回りの世話をしてくれてきた、ほぼ同い年の忠実な召使いがいました。今では家令となったその忠僕がクリストーフォロという名前だったのです。ロドヴィーコがなぜクリストーフォロの名を名乗るようになり、ひいては神父にまでなったのか、そのいきさつがここで語られます。

　きっかけとなったのは、思いがけない刃傷沙汰(にんじょうざた)でした。ここでは、事件直後に現場に駆けつけてきたやじ馬の様子を、原文から引用しましょう。

　ロドヴィーコはぽつねんと、足元に横たわるふたつの体を前にしていた。やじ馬が取り囲む。
「どうした、どうした？」「ひとりか？」「いや、ふたりだ」「腹をぐさりとやられたら

第 2 章 解説

しい」「殺られたのはだれだ？」「あのいけすかないやろうだ」「そりゃめっそうな、驚きだな！」「こうなってあたりまえよ」「自業自得ってやつだな」「あいつもこれでおしまいか」「見事なひと突きだったな！」「しかしあとが面倒だぞ」「もうひとりのほうは！」「気の毒に、なんてこった！」「そっちは助けてやれよ」「こっちも無理みたいだ」「めためただぞ！体じゅうから血が噴き出してる」

忠僕の敵討ちをするロドヴィーコ
（1840年版、第 4 章より）

「逃げなさい、逃げるんだ。捕まっちゃうぞ」

　喧騒を越えてはっきり届いてきたこの言葉は、群衆に共通の心情の表れだった。逃げるのを促すだけでなく、じっさいに手も貸した。事件が起こったのは、カプチン派の教会の近くだった。当時、カプチン教会といえば、お巡りも、当局と呼ばれる組織のどんな人間も、決して手を出すことのできない聖域であることはだれもが知っていた。ほとんど茫然自失の負傷した下手人を、群衆は教会に連れて、というより担いで行った。そして修道士の手に引き渡しながら、口ぐちに言った、「この人は好い人だ。高慢ちきなやろうをやっつけてくれたんだ。正当防衛だよ。喧嘩をふっかけられたんだから」

（Manzoni: I promessi sposi, Oscar Classici Mondadori 1995, cap.4 p.72-73）

　善し悪しを見分ける庶民の目。読み書きはできず財産も権力も持っていなくとも、まともな判断力を備えた市井の人びとに向けられた作者マンゾーニの温かなまなざしが感じられる描写です。

　単純な分類からすると〈善〉よりは〈悪〉に属するであろう「金持ち」の立場にあっても、横暴な権力に流されることのない気高さをもともと備えた人間もまた存在する、それをマンゾーニは昿らかにしてくれました。「この章では安心させてもらえる」と、エーコも言っているとおりです。頼りにならないアッボンディオ司祭はさておいて、クリストーフォロ神父の今後の活躍に、期待をかけたいところですね。

　なお、日本語で読める《I promessi sposi》としては、本書の「はじめに」に記載した『いいなづけ 17世紀ミラーノの物語』（平川祐弘訳　河出文庫全 3 巻、2006 年）のほか、『婚約者』（フェデリコ・バルバロ、尾方寿恵訳　岩波文庫全 3 巻 1946/1973 年）もあります。あわせてご紹介しておきます。

La Storia de I Promessi Sposi
raccontata da Umberto Eco

Capitolo

Due

🔊 5

Già da queste prime vicende ci accorgiamo quale storia il nostro signor Alessandro abbia appena cominciato a raccontare¹: al mondo ci sono i potenti, quasi sempre prepotenti, e i poveretti, che debbono subire le loro angherie. Per far tacere i poveretti, i potenti usavano o i loro bravacci che parlavano la lingua delle armi², o i loro consiglieri, i quali, visto che i poveretti di solito non sapevano né leggere né scrivere, li mettevano a tacere confondendoli col latino³ – e il latino a quei giorni non solo era la lingua della Chiesa, ma anche quella del diritto e della scienza in generale.

Adesso tiriamo un sospiro di sollievo, e con noi il signor Alessandro che, come ho detto, era un buon cristiano: perché, se c'erano sacerdoti vili e paurosi, per fortuna ce n'erano anche di coraggiosi⁴. I nostri poveretti chiedono aiuto a un certo padre Cristoforo, del vicino convento di Pescarenico⁵.

脚注

1) **ci accorgiamo** <u>quale</u> **storia il nostro signor Alessandro** <u>abbia</u> **appena** <u>cominciato</u> **a raccontare**　どのような物語をたった今彼が語り始めたのか私たちは気がつく。主節 ci accorgiamo の目的語として疑問詞 quale に導かれる名詞節は接続法過去（abbia cominciato）。appena「たった今」が挿入されている。コロン［：due punti］は、具体的な内容提示に先立つ記号。

2) **la lingua delle armi**　（軍隊の言葉→）暴力という言語、すなわち「暴力」。

第2章

　アレッサンドロさんの物語はまだ始まったばかりだけれど、出だしのこんななりゆきからして、どういう内容なのか想像がつくよね。この世には、権力を持つ者と持たない者がいる。権力者はおおむね横暴で、弱者は彼らのパワハラに苦しまなくてはならない、そういうお話だ。弱者を黙らせるために、権力者は、お抱えの用心棒(ブラーヴォ)や相談役を利用した。ブラーヴォどもは暴力を振るうし、相談役は、弱者がたいてい読み書きできないのをよいことに、ラテン語をまくしたてては煙に巻いて黙らせた。その頃ラテン語は、教会だけでなく、法律をはじめ広く学問の分野でも使われる言語だったからね。

　さあ、ここではちょっとほっとできるよ。アレッサンドロさんもきっと、私たちと同じように胸を撫でおろしたことだろうね。前にも言ったとおり彼は善きキリスト教徒だったから、臆病で卑怯な坊さんがいる一方にさいわい勇気ある立派な聖職者がいたっていうのは、嬉しいはずだもの。弱い立場にあるわれらが主人公たちが助けを求めようとしているのも、そうしたひとり、近くのペスカレニコにある僧院のクリストーフォロ神父という人だよ。

---

3) **li mettevano a tacere confondendoli col latino**　mettere 人 a tacere で「人を黙らせる」。col (con il) latino は「ラテン語を道具として」。confondere のジェルンディオ＋ li = i poveretti。「彼らを戸惑わせながら」。

4) **ce n'erano anche di coraggiosi**　ne = di sacerdoti

5) **Pescarenico**　ペスカレニコ。コモ湖東南端に注ぐアッダ川のほとりにある小村。

La Storia de I Promessi Sposi
raccontata da Umberto Eco

    Questo Cristoforo, quando si chiamava ancora Lodovico, era stato anche lui un uomo d'arme[1] abbastanza scapestrato, non nobile, ma figlio di un ricco mercante che gli consentiva di far la bella vita. Anche lui si concedeva molte prepotenze, sino a che un giorno era venuto a diverbio per una questione che a noi oggi fa ridere[2] ma che allora giustificava un duello, cioè per ragioni d'onore: se due s'incrociano sullo stesso marciapiede, chi deve cedere il passo?

    Incrociandosi Lodovico con un Tale, il Tale[3] gli aveva detto: "Fate largo[4]!"

    "No", gli aveva risposto Lodovico, "fate largo voi, perché io sto tenendo la destra[5]."

    E il Tale: "Ah sì? Con gente come voi la destra è sempre mia!" E, passando in modo insultante al tu[6]: "Scostati dunque, vile meccanico, che[7] ti insegno io come si tratta coi gentiluomini[8]!"

    "Vile meccanico a me?", si era detto[9] Lodovico – perché all'epoca trattare uno da meccanico, e cioè qualcuno che vilmente lavorava con le proprie mani, era un tremendo insulto, detto da aristocratici che vivevano senza far nulla. E aveva reagito: "Voi mentite dicendo che io sia vile[10]!"

脚注

1) **uomo d'arme** 兵士。比喩的に「粗暴な人間」。
2) **fa ridere** 笑わせる。fare + 不定詞で「〜させる」〈使役〉。
3) **un Tale, il Tale** tale は不定代名詞「ある人」。マンゾーニのオリジナル版では il signor tale。最後まで名前は出てこないが、Tale と大文字になっているため具体的な人物像の想像をかきたてられる。
4) **fare largo** 道を譲る。ふたりとも手下を従えて複数で行動しているが、この voi は 2 人称単数。
5) **la destra** 右側に優先権がある。マンゾーニの原文は、「La diritta è mia!」。diritta は destra (右手) の文語。
6) **passando in modo insultante al tu** passare al tu は言葉遣いを voi から tu に変えること。in modo insultante は「相手を侮辱するように」。

Capitolo
Due

　このクリストーフォロなる人物も、かつてまだロドヴィーコという名前だった頃は、やっぱり自堕落なやくざだった。貴族ではないけれど金持ちの商人の息子で、贅沢な暮らしをほしいままにしていた。横暴もやりたい放題だったけれど、それが、ある日の諍(いさか)いをきっかけにぴたりとやんだ。喧嘩のきっかけは、今聞くとちゃんちゃらおかしくて笑っちゃうけれど、当時は決闘になってあたりまえのことだった。つまりね、「名誉」が絡んでいたんだよ。細い道で鉢合わせしたらどちらが道を譲るかっていう問題だ。

　ロドヴィーコがとある男に出くわす。そいつが「道をあけなさい！」と言う。

　「譲らない」とロドヴィーコ、「そちらこそあけなさい、私は右側を通っているのだ」するとその男は、「なんだと？　あんたのような輩が相手のときは、右側を通るのはいつだっておれだ」。さらに、偉そうにぞんざいな口ぶりで、「とにかくそこをどけ、修理屋の下種(げす)やろう、おれがおまえに紳士とのつき合い方を教えてやろう！」

　「このわしを修理屋の下種やろうだと？」ロドヴィーコは心の中でつぶやいた。修理屋は自らの手を汚して働く。のらりくらりと暮らす貴族が人を修理屋呼ばわりするのは、当時、きわめつきの侮辱だった。そこで言い返した。「この私を下種とおおせられるか、それは嘘をついておられることになりますぞ！」

---

7) **scostati ... che 〜**　《命令法（scostati < scostarsi 再帰動詞）... che 〜》で「〜だから…しろ」。「教えてやるからどけ」。

8) **come si tratta coi gentiluɔmini**　紳士とどうつき合うべきか。trattare con 〜　〜と交渉する。si は〈非人称〉。

9) **si era detto**　dirsi（再帰動詞）（自分自身に言う→）「ひとりごとを言う、心のなかで考える」

10) **mentite dicendo che io sia vile**　dire che の節は通常は〈直説法〉をとる。ここは、その内容が事実でないことを前提としているので sia と〈接続法〉。ロドヴィーコはこのときまだ、敬語のニュアンスのある voi で話している。

La Storia de I Promessi Sposi
raccontata da Umberto Eco

6

"No, tu menti dicendo che ho mentito!" E così per un pezzo, perché questo era lo scambio di cortesie che si usavano prima di venire alle mani, ovvero alle spade. E se dite che era roba da¹ matti, ebbene sì, era roba da matti, ma se i gentiluomini di quei tempi avessero sentito che cosa si dicono oggi due automobilisti quando uno ha schiacciato il parafango all'altro, avrebbero detto che siamo matti noi².

In ogni caso il Seicento non solo era l'epoca di tanti film sui pirati, ma anche di tanti film sui moschettieri³: ed ecco che i due tirano fuori la spada mentre i loro bravi si azzuffano tra loro, la gente corre a vedere lo spettacolo, il Tale trapassa con la sua lama il corpo di Cristoforo, il vecchio e fedele servitore di Lodovico, Lodovico perde la testa e stende secco⁴ il nemico. Ha ucciso un uomo!

Allora, per sfuggire all'arresto, ci si rifugiava⁵ o in una chiesa o in un convento, e Lodovico trova asilo nel convento dei cappuccini, mentre tutta la famiglia della vittima, fratelli, cugini, parenti di ogni grado, gira per la città e lo cerca per vendicare l'affronto - badate, non tanto per il dolore provato alla morte di un parente, ma per⁶ l'offesa fatta alla loro casata.

脚注

1) **roba da ~** 〜にふさわしいこと。
2) **se ... avessero sentito** che cosa ..., **avrebbero detto** che ... seの節に avessero sentito 〈接続法大過去〉、主節に avrebbero detto 〈条件法過去〉の仮定文。もしも17世紀の人が現代に出現したら、という時代の交錯を前提とした仮定文なので、si dicono「言いあう」（相互再帰動詞）、ha schiacciato, siamo matti など、〈直説法現在〉や〈近過去〉が che cosa ～ の節に紛れこんでいる。
3) **film sui moschettieri** アレクサンドル・デュマの『三銃士』も、時代設定は17世紀。

Capitolo Due

「何をぬかすか、おまえこそ、おれが嘘をついたと嘘を言ってやがる！」こんなやりとりがしばらく続く。これが、殴り合いをしたり剣を交える前の礼儀作法だったのだ。バカみたいって、きみたちは言うだろうね。そのとおり、正気の沙汰ではないよ。でも、フェンダーを壊したドライバーと壊されたドライバーがどんな言葉でやりあうか、もしもあの時代の旦那衆が耳にしたら、おかしいのは今の私たちのほうだって言うかもしれないよ。

　それはともかく、17世紀といえば、海賊映画はもちろん、マスケット銃士映画の題材にもこと欠かない時代だ。というわけで、ふたりが剣を抜くと、それぞれの用心棓（ブラーヴォ）どもも一緒くたになってとっくみ合いを始めた。これを見逃すまいと見物人が駆けつけてくる。そのとき、件（くだん）の男が、ロドヴィーコの昔からの忠実な召使いクリストーフォロの身体に刃を突き刺した。かっとなったロドヴィーコは敵を一撃で打ち倒す。人をひとり殺してしまったのだ！

　逮捕されそうになると、当時は教会やら僧院やらへと逃げ込んだものだ。ロドヴィーコはカプチン派の修道院に身を寄せたが、そのあいだにも、犠牲になった男の一族郎党、兄弟、従兄弟、遠い親戚や近い親戚が、かたきを討って汚名をそそごうと町じゅうを歩きまわり、下手人の行方を追っていた。いいかい、親族が死んだのが悲しかったからではないんだよ。自分たちの家名が汚されたことに我慢がならなかっただけなんだ。

---

4) **stende secco** ~　stendere secco ~　~を即死させる。このあたりも動詞の時制は〈歴史的現在〉。
5) **ci si rifugiava**　si〈非人称〉＋ si rifugiava〈rifugiarsi 再帰動詞3人称単数形〉。si の重複を避けるため、非人称の si を ci とした形。「だれと特定されない人たちが」逃げ込んだ。
6) **non tanto per ~ ma per ...**　…のためではなくむしろ~のため。tanto は強め。non soltanto ~ ma ... ではないことに注意。殺された男はもともと気性が荒く、一族のなかでもやっかいもの扱いされていた（マンゾーニ原作 第4章）。

La Storia de I Promessi Sposi
raccontata da Umberto Eco

    A questo punto Lodovico decide di farsi frate, assumendo il nome del servitore morto: Cristoforo. Ma non per sfuggire alla vendetta dei suoi nemici, bensì perché è sinceramente oppresso dal pentimento. A prova del suo coraggio, senza paura, va dritto dritto al palazzo del fratello del Tale[1], che l'attende con tutta la parentela per godere della sua umiliazione. E inginocchiandosi, Lodovico chiede perdono con tanta umiltà, e dolore vero, che alla fine[2] anche il fratello del morto e gli altri parenti si commuovono, abbracciano il penitente, e ritengono che rispondere col perdono sia il modo migliore di salvare il loro onore[3]. Ma quello che il signor Alessandro vuole suggerirci (e lo farà a più riprese nel corso del racconto) è che ci vuole più coraggio a chiedere scusa - e a perdonare - che a vendicarsi[4].

    Da quel giorno padre Cristoforo dedicherà la sua vita a difendere i deboli.

脚注

1) **va dritto dritto al palazzo del fratello del Tale**　このときまでに、彼が所属することになったカプチン派修道院の院長が被害者の家を訪れて謝罪しており、それで一件は落着している（マンゾーニ原作 第4章）。にもかかわらず、本人自ら、重ねて謝罪に出向いた。dritto の反復は強調。「脇目も振らずまっしぐらに」。
2) **con <u>tanta</u> umiltà, e dolore vero, <u>che</u> alla fine ~**　　tanto ... che ~ で「~なほど…だ」。ここでのtanto は umiltà を修飾する形容詞。「ついに~におよぶほどの謙虚さ」。

Capitolo Due

　これをきっかけにロドヴィーコは修道士になる決意を固め、亡くなった従僕の名前をとってクリストーフォロと名乗ることにした。名前を変えたのは、敵の報復を逃れたかったからではぜったいにないよ。後悔の念に心底苛まれて耐えられなかったからなんだ。恐れを知らぬ勇気ある人間だった証拠に、彼は、殺してしまった男の兄が住む館へと、迷うことなくまっすぐ向かったんだもの。館には一族郎党が集まって、どんな面をさげて謝るのか見てやろうじゃないかと、おもしろがって待ちかまえていた。ロドヴィーコは、一族の前に跪いて赦しを乞うた。このうえなくうやうやしいその物腰に偽りのない深い苦悩が滲み出ていたので、ついには、死んだ男の兄もほかの親族も、心を動かされてしまったほどだ。彼らは罪を悔いる者を抱きしめ、赦しをもって応えることこそ、家の名誉を守る最善の策である、と考えるにおよんだ。ところで、アレッサンドロさんが私たちに示唆しようとしているのは（話が進むにつれてこのあとも何度か繰り返すけれど）、赦しを乞うこと、そして赦すことのほうが、復讐するよりもずっと大きな勇気を必要とする、ということだ。

　この日を境に、クリストーフォロ神父は、生涯を弱者のために捧げることになる。

---

3) **ritengono che rispondere 〜 il loro onore**　ritenere che 〜「〜であると考える」の節の動詞は〈接続法〉sia。主語は rispondere〈不定詞の名詞的用法〉col perdono「赦しをもって答えること」。

4) **ci vuole più coraggio a chiedere scusa ... che a vendicarsi.**　a chiedere scusa「赦しを乞うため」のほうが a vendicarsi「復讐するため」よりも多くの勇気を必要とする。〈a＋不定詞〉の形で示された副詞の比較なので、più 〜 di ではなく più 〜 che となっている。

第3章前半の登場人物と解説

エーコが語る『いいなづけ』の物語、第3章は前半と後半にわけて解説します。前半で新たに登場するのはひとり、以下の人物です。

● Don Rodrigo ……………… ドン・ロドリーゴ　地元の貴族

ドン・ロドリーゴ
(1840年版、第5章より)

　第1章の後半で名前の出たドン・ロドリーゴは、その名を聞いただけでアッボンディオ司祭が震えあがった悪名高い地元の貴族。しかも、レンツォとの結婚を約束しているルチーアにちょっかいを出し、権力を振りかざして若いふたりの結婚をおじゃんにしようと企む〈悪〉の権化。そしてまた、この物語が誕生するきっかけを作った張本人とも言うべき人物。いよいよ彼の登場です。この男と、第2章で紹介された〈善〉の象徴たるクリストーフォロ神父との緊迫感あふれる対決が、今回のハイライトです。

　このほか、第1章に登場したインチキ弁護士アッツェッカガルブッリや、地元市長（初登場）の姿もちらりと垣間見えます。それもドン・ロドリーゴの家での会食の招待客としての登場です。つまり、権力を持つ彼らがみんなグルだということが、思いがけずここで露見するのです。

　マンゾーニの原作の第5章から第6章に相当するこの場面は、ルチーアの母親からの依頼で、クリストーフォロ神父がルチーアの家を訪ねる場面から始まります。カプチン派の修道士となり、弱き者を助け、彼らを権力者の横暴から守ることをモットーとするクリストーフォロは、ルチーアと彼女の母親からことの次第を聞きだした後、親身になって対策を練ります。権力者の脅しに屈した臆病者のアッボンディオ司祭には腹が立ちますが、事態は切迫しており、ミラノの大司教に相談に行っている時間もありません。その足で3マイル離れたドン・ロドリーゴの城館まで、直談判に出かけます。

　ちょうどお昼どきでドン・ロドリーゴの館の扉は閉ざされ、用心棒(ブラーヴォ)が見張りに立っていますが、カプチン派の修道士と見るなり、いとも簡単にクリストーフォロをなか

第3章 解説(1)

に招き入れます。当時のカプチン派修道会が土地の権力者にどれほどの影響力を持っていたか、窺い知ることができますが、あわせて、カプチン派支持の姿勢を表に打ち出して、おいしいところはしっかりいただこうというドン・ロドリーゴの下心も見てとれます。

とりあえず、貴族たちの食卓に同席することになったクリストーフォロ神父は、食事のあと、来訪の目的を伝えるべく、ドン・ロドリーゴとふたりで別室に移ります。表向き慇懃だった態度をドン・ロドリーゴが豹変させるのはここからです。本題に入ったクリストーフォロは、ひとりの娘への懸念を、できるかぎり礼節を保って伝えようとしますが……　以下、マンゾーニからの引用です。

「〔略〕どうか聞き届けてくださいまし。あの罪のない憐れな娘を不安と恐怖にさらすことのなきように。あなた様のお言葉ひとつですべて解決するのですから」「さようですかい」とドン・ロドリーゴ、「その憐れな娘とやらのためにこのおれがずいぶんとお役に立てる、神父さんはそうお考えのようですな。そのひとのことをだいぶ気にかけておられるご様子だし……」〔略〕「それなら、ここに来ておれの保護下に入るよう、その憐れな娘とやらに勧めていただこうじゃありませんか。何ひとつ不自由はさせませんぞ。そのひとの心を乱す者もだれひとりおりません。それとも、このおれが紳士ではないとでもおっしゃるか」

ドン・ロドリーゴとクリストーフォロ神父
（1840年版、第6章より）

（Manzoni: I promessi sposi, Oscar Classici Mondadori 1995, cap.6 p.103-104）

「おれの保護下」などとしゃあしゃあと言ってのけるドン・ロドリーゴに、クリストーフォロはついにキレます。第2章の刃傷沙汰もそうですが、仁徳あるこの神父も、カッと頭に血がのぼりやすい性質ではあるようです。思わず呪いの言葉をかけて交渉は決裂。しかし、部屋を後にしたクリストーフォロは、そこで、ひとりの召使いから意味ありげなことをほのめかされます。クリストーフォロに敬意を抱くこの老僕は、ドン・ロドリーゴが生まれる前から仕える「この家でただひとりのまともな男」でした。

第3章後半の登場人物と解説

続いて、エーコが語る『いいなづけ』の物語、第3章の後半です。
ここで新たに登場するのは、以下の人物です。

- Il Griso ……………………………… グリーゾ　ドン・ロドリーゴの用心棒(ブラーヴォ)
- Il sacrestano (Ambrogio) ………… 寺男　アンブロージョ
- I paesani ……………………………… 村人たち
- Il cameriere di don Rodrigo ……… ドン・ロドリーゴの家の老僕
- Ragazzetto (Menico) ………………… 使いの少年　メニコ、12歳

　まさに結婚式が予定されていた当日の宵闇が迫る頃、村のあちこちで目まぐるしい立ち回りが始まります。婚約者たちの策謀にすんでのところで気づいたアッボンディオ司祭が騒いだので寺男が半鐘を打ち鳴らし、驚いた村人たちが家から続々飛び出してきます。ドン・ロドリーゴが村に送り込んだグリーゾを頭(かしら)とするブラーヴォの一団は、半鐘を自分たちの計画がバレたためと早とちりして逃げ出します。
　その日の朝、ドン・ロドリーゴの家の老僕からルチーア誘拐計画を知らされたクリストーフォロ神父は、使いの少年に伝言を託します。おかげでルチーアはあやうく難は逃れたものの、レンツォとともに、こっそり村をあとにすることになります。原作では母アニェーゼも、ともに故郷を離れます。
　第1章の終わりのほうでも世間智を披露したアニェーゼが、今回もまた知恵と行動力を発揮します。娘ルチーアを神の御前(みまえ)で愛する男と結ばせてやりたいと願う親心からとはいえ、曲がりなりにも僧服をまとった聖職者のすきを狙って抜き打ち結婚をしてしまえと娘に奨める母親は、そうどこにでもいるものではないでしょう。原作では、娘ルチーアのほうが、騙(だま)し打ちは道に外れると抵抗を示します。結局レンツォに説得されてアニェーゼ案を実行に移し、アッボンディオ司祭の部屋に忍び込むところまでは首尾よく運ぶのですが……その際、司祭の家政婦ペルペトゥアを家から遠ざけておこうと、外に誘い出したのもアニェーゼでした。
　ふたりの若者の必死の試みが不首尾に終わったのは、ひとえにアッボンディオ司祭の警戒心が、アニェーゼの知恵を上回ったためです。しかし、もしも計画を断念してルチーアが自宅にいたら、グリーゾらにまんまと誘拐され、レンツォともども、ひどい目にあわされていたことでしょう。計画が頓挫して村にいられなくなったふたりは、

第 3 章　解説（2）

　ともかくクリストーフォロ神父のもとへと駆けつけます。その夜のうちに、逃亡用の舟を一艘（いっそう）調達し、モンツァとミラノの修道院にそれぞれ紹介状を書くだけの人脈があったのも、彼の仁徳あってのことでしょう。それにしても、正式な結婚がまだ成立していないというだけで、将来を約束した男女が別行動をとらなくてはならないとは、なんとも理不尽な話です。

　とつぜん故郷を追われる身となった婚約者を乗せた舟が、月明かりに照らされた湖面（かい）を、櫂（かい）のかすかな音とともに静かにすべっていきます。ルチーアは、腕を船べりにのせて眠った振りをしながら、こっそり涙を流しています。マンゾーニ原作第 8 章は、慣れ親しんだ風景に対するルチーアの、1 頁に及ぶ別れの言葉で締めくくられます。…… 以下、マンゾーニからの引用です。

ルチーアが別れを惜しむ故郷レッコの風景
（1840年版、第 8 章より）

　さようなら、湖面から天に向かって高くそびえる山たち、頂きのひとつひとつ、それぞれどんな形をしているか、あなたたちの懐に抱かれて育った者はよく知っているわ。近しい家族の面影と同じくらい、胸にふかく刻まれているのですもの。〔略〕さようなら、まだ住んだことのなかったあの家。通りしなに、なんどこっそり横目でみやったことかしら。そのたびに顔が火照ったけれど、あの家でこれから始まる妻としての穏やかな暮らしを思い描いていたのに。〔略〕

(Manzoni: I promessi sposi, Oscar Classici Mondadori 1995, cap.8 p.163）

　この地域をよく知るイタリアの読者が深い愛着を覚える自然描写であると同時に、ルチーアの人物像を雄弁に語るこの一節は、朗読やパフォーマンスでもしばしば引用されます。本書で、自然描写は割愛しているエーコですが、この部分だけは、ほんの数行とはいえ第 3 章の締めくくりとして取りあげたほどです。

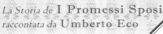

Capitolo
Tre

Sembra dunque, Cristoforo, l'uomo giusto per andare da don Rodrigo e fargli capire che deve lasciare in pace Lucia. Lo fa, ma don Rodrigo lo accoglie con falsa compiacenza a una tavola dove sta pranzando con altri nobili e, guarda guarda, con l'Azzeccagarbugli e il podestà, quello che avrebbe dovuto metterlo in prigione se l'Azzeccagarbugli avesse fatto il suo dovere[1].

Poi lo tratta come un pezzente, e gli dice che non ha bisogno di farsi far la morale[2] da un sacerdote. A quel punto Cristoforo, col piglio di chi sa ancora sostenere un duello, sia pure[3] senza spada, leva in segno di minaccia la mano destra, mette la sinistra sull'anca[4], e con un piede avanti all'altro, grida: "Ora non ti temo più", (e si badi che passa lui al tu[5], come se don Rodrigo fosse lui[6] il vile meccanico da disprezzare). "Lucia resterà sotto la protezione del Signore, ma la maledizione di questo stesso Signore scenderà su questa casa!"

脚注

1) quello che <u>avrebbe dovuto</u> metterlo in prigione se l'Azzeccagarbugli <u>avesse fatto</u> il suo dovere　関係代名詞 che の節のなかでは、主節が条件法過去、se ～ の条件節が接続法大過去。過去に実現しなかったことを表す仮定文。che の先行詞 quello は il podestà (市長)、metterlo の lo は don Rodrigo。
2) farsi fare la morale　fare la morale は「道徳を説く」。《再帰動詞 farsi + 不定詞》で「自分が～してもらう」。
3) sia pure　たとえ～であっても（接続詞句）
4) マンゾーニの原文は「右手を腰にあて左手を揚げて」（原作 第6章）

第 3 章

Capitolo
Tre

ルチーアに手を出すのをやめるようドン・ロドリーゴを説得しに行くのに、クリストーフォロくらい打ってつけの人物は、どうやらいないみたいだね。実際、彼は行動に出る。ドン・ロドリーゴは、訪ねてきたクリストーフォロを、とりあえず見かけは歓迎するふうを装って、貴族たちが客人として居ならぶ食卓へと彼を招き入れる。すると、おやおや、ちょっと見てごらんよ、あのアッツェッカガルブッリ、それに、もしもこのインチキ弁護士が職務をまっとうに果たしていればドン・ロドリーゴを牢屋にぶちこんでいたはずの市長の姿まであるぞ。

やがて話が本題におよぶと、ドン・ロドリーゴは、クリストーフォロがまるで賤しい物乞いででもあるかのように態度を変え、坊さんに説教なんぞしてもらう義理はないと言い放つ。するとクリストーフォロは、剣こそ身につけていなくとも、決闘はまだ受けて立つぞと言わんばかりの形相になり、威嚇の印に右手を掲げ左手は腰にあて、片足を前に踏み出すと、声をあげたのだ。「おまえごときをもはや恐れるものか」(神父の口調がぞんざいになっていることに注目しよう。これじゃまるでドン・ロドリーゴのほうが、蔑まれてしかるべき下種(げす)の修理屋みたいだね)。「ルチーアは神のご加護のもとに置かれるであろう。しかしこの家には、その同じ神の呪いが降りかかることになろう!」

---

5) **si badi che passa lui al tu**　非人称の si + 独立用法の接続法(命令法) badi 「〜に注目すべきである」。passa lui al tu と主語代名詞 lui を動詞の後に倒置して、「彼のほうが」と強調している。passare al tu は敬語の voi から tu へ移行すること。マンゾーニの原文では lei から voi への移行(原作 第6章)。

6) <u>**come se don Rodrigo fosse lui**</u> 〜　come se + 接続法半過去　まるで〜のようだ。fosse の主語 don Rodrigo を lui で反復し強調している。il vile meccanico 「下種の修理屋」については、第2章 p.33 和訳参照。

La Storia de **I Promessi Sposi**
raccontata da Umberto Eco

    Rodrigo lo scaccia con male parole ma, poiché ha la coscienza sporca, quella storia della maledizione divina non lo abbandonerà più – e vedremo più tardi che non gli sarebbe mancata l'occasione[1] per ricordarsene.

    E va bene, padre Cristoforo compensa col suo coraggio la viltà di don Abbondio, ma in effetti non ha cavato un ragno dal buco[2].

    Se i due giovani fossero già sposati potrebbero scappare insieme e andare da un'altra parte, visto che a pochi passi, a Bergamo, cessa il ducato di Milano e comincia la repubblica di Venezia. Ma a quei tempi, un ragazzo e una ragazza che non erano sposati non potevano fuggire insieme, perché la ragazza ci avrebbe perso come minimo la reputazione[3], e per tutta la vita. Non parliamo poi di[4] una ragazza come Lucia, che il signor Alessandro ci mostra tutta casa e chiesa[5], incapace persino di guardare il fidanzato senza arrossire, perché si capisce che ne è innamorata[6], ma non può farsene accorgere[7] perché lui non è ancora suo marito. Diciamo che era un'epoca in cui le ragazze "perbene" non si facevano vedere ad andare[8] in giro coi ragazzi, e capirete come cambiano i tempi.

脚注

1) **vedremo più tardi che ～ sarebbe mancata l'occasione**　エーコが読者に語りかけるコメントとして主節の動詞は直説法未来 vedremo だが、この一件があった時点を基準にしているので、che ～ の節は条件法過去 sarebbe mancata〈過去から見た未来〉。mancare a ＋ 人 で「人に欠落する」。主語は l'occasione「その機会が彼から欠落することはない → 彼がその機会を逃れることはない」それを我々は見ることになるだろう。

2) **non cavare un ragno dal buco**　（クモを穴から出さない →）何の成果も挙げない。

3) **ci avrebbe perso come minimo la reputazione**　駆け落ちなどしたら「面目を失うことになっただろう」。ci = a fuggire「逃げることで」これが、条件節「もしも駆け落ちでもしようものなら」の代わりをしている。挿入された come minimo は「最小限に見積もっても」。

Capitolo
Tre

　ロドリーゴは罵詈雑言を浴びせて神父を追いはらうが、もともとやましいところがあるものだから、神の呪いが降りかかるというそのひと言が、その後も耳にこびりついて離れない。いずれ、これを思い知らされる機会が彼にめぐってくることになるんだけれどね。

　ともあれ、クリストーフォロ神父は勇気をもって、アッボンディオ司祭の意気地のなさの埋め合わせはした。でもね、事実上は、解決の糸口すら、見つけたことにはならなかったんだ。

　若いふたりがもしもすでに結婚していたのなら、一緒に逃げてどこかよその土地へ行くこともできただろう。目と鼻の先のベルガモまで行けば、そこはもうミラノ公国ではなくて、ヴェネツィア共和国なのだから。しかしこの時代には、結婚前のカップルが駆け落ちするなんて、およそありえないことだった。娘のほうは少なくとも面目丸つぶれとなって、それが生涯ついてまわる。しかもアレッサンドロさんが、ここまで家庭的で信心深い純朴な女性として描いているルチーアのような娘であればなおのこと、そんなことができるはずはない。彼に惚れているのは一目瞭然なのに、顔を赤らめずには婚約者と目を合わせることすらできないのだもの。まだ夫ではないから、彼を愛しているってことをまわりの人に気づかれてはいけないと思っているんだよ。「きちんとした」女の子が、人目もかまわず男の子と一緒に出歩くだけだってとんでもない、当時はそんな時代だった。今では考えられないよね。

4) **Non parliamo poi di ~**　（~のことはもう話さないでおこう→）言うまでもないことだ。
5) **tutta casa e chiesa**　家庭と教会そのものの（形容詞句）
6) **si capisce che ne è innamorata**　si は〈非人称的な受身の si〉で、「まわりの人に capire される」。essere innamorato di ~ で「~に恋している」。ne は del fidanzato。
7) **non può farsene accorgere ~**　使役〈fare + 不定詞〉。fare accorgersi di ~ → farsi accorgere di ~。accorger<u>sene</u>（再帰動詞 accorgersi + ne = di essere innamorata）の –sene が fare に結合して farsene accorgere となっている。
8) **si facevano vedere ad andare ~**　farsi vedere a + 不定詞「自分が~するところを人に見られる」。si は〈再帰代名詞〉。

La Storia de I Promessi Sposi
raccontata da Umberto Eco

8

Fatto sta che[1] mentre padre Cristoforo cerca un modo per aiutare i due giovani, ecco che sia Renzo e Lucia che don Rodrigo complicano le cose. Come?

Da un lato[2], don Rodrigo chiama il capo dei suoi bravi, il Griso[3], un nome che già da solo mette spavento, e gli dice di prendere qualche bravaccio, e andare quella notte a rapire Lucia a casa sua.

Renzo e Lucia, dal canto loro, accettano un consiglio di Agnese, la quale aveva sentito dire che mentre il ministro della comunione[4] è il prete, e il ministro della cresima[5] è il vescovo, i ministri del matrimonio sono gli sposi stessi. Ovvero, il prete li dichiara sì marito e moglie, ma solo dopo che quelli hanno affermato di volerlo diventare.

Agnese gli aveva così suggerito di sgattaiolare con qualche trovata nella stanza di don Abbondio, di farsi vedere all'improvviso dal prete e proclamare[6] di volersi per marito e moglie[7]. A quel punto, col prete testimone della loro volontà, sarebbero stati belli e che sposati[8]!

脚注

1) **fatto sta che ＋ 直説法** 「実際は～ということだ」。クリストーフォロの尽力（第3章前半）も成果を挙げることなく、けっきょく何が起こったか、それがこれから語られる。

2) **da un lato** 「一方では」。次のパラグラフ1行目の dal canto loro「彼ら（レンツォとルチーア）の側では」と連動している。

3) **il Griso** グリージョ grigio「灰色」からきたあだ名（定冠詞 il がついている）。結婚式が予定された日の前夜、ドン・ロドリーゴの命を受けたグリーゾは物乞いを装ってルチーアの家を訪れ、家の構造を偵察していた。誘拐計画を実行に移すのはその翌日。

4) **comunione** 「聖体拝領」。ここでは「初聖体拝領」（9歳頃までに行う）のこと。

Capitolo
Tre

実は、クリストーフォロ神父が、ふたりの若者をどうやって救おうかと模索していたその一方で、レンツォとルチーアも、ドン・コドリーゴも、面倒がよけい大きくなるようなことをそれぞれにやらかしていた。どういうことかって？

ドン・ロドリーゴのほうは、お抱え用心棒の頭、名前を聞くだにおっかないグリーゾを呼びつけて、だれか手下の用心棒を連れて村に行き、ルチーアの家に行ってすぐにでも彼女を攫って来いと命令していた。

レンツォとルチーアはというと、こっちはこっちでアニェーゼの忠告を実行に移そうとしていた。アニェーゼは、初聖体の儀式を執り行うのは司祭、堅信礼を行うのは司教だが、結婚式の主導権はほかならぬ新郎新婦にあると聞いていた。つまり、ふたりが夫となり妻となると宣言するのは司祭だけれど、それは新郎新婦本人がまず、その意思があるとはっきり表明した後でなければできないことだ。

そこでアニェーゼは、ふたりに、うまいことアッボンディオ司祭の部屋に忍びこみ、不意打ちで司祭の前に躍り出て、夫婦になりたいと宣言してしまいなさいと知恵をつけた。そうすれば司祭がそこでふたりの願いの証人になって、それでもう立派に夫婦になっているはずなのだから、と。

---

5) **cresima** 初聖体の後、入信を完成させる儀式。キリスト教徒全員が受けるわけではないが、結婚式を教会で挙げる場合には現在も義務づけられている。
6) **suggerire a ＋ 人 di ＋ 不定詞** 「人に〜するよう示唆する」di sgattaiolare 〜, di farsi vedere 〜, di proclamare di 〜 と３つの不定詞が同列。proclamare の前にも di を補って文意をとる。proclamare di 〜 で「〜すると宣言する」。
7) **volersi per marito e moglie** 互いに相手を夫と妻に望む。si は相互再帰代名詞。
8) **sarebbero stati belli e che sposati** essere bello e [che] 〜 で「既に〜が終わっている」。条件法過去は〈過去から見た未来〉。

La Storia de I Promessi Sposi
raccontata da Umberto Eco

Ne vien fuori una notte¹ molto ingarbugliata, perché i due promessi sposi penetrano di soppiatto² nello studio di don Abbondio e cercano di fare la famosa³ affermazione che li renderà sposi, don Abbondio se ne accorge in tempo e rovescia il lume e il tavolo, poi corre alla finestra chiamando aiuto, il sacrestano lo sente e va a suonare le campane a stormo. Tutto il paese scende nelle strade per capire cosa stia avvenendo⁴, i bravi nel frattempo entrano in casa di Lucia, ma ovviamente non vi trovano nessuno, e al sentir le campane a martello credono sia un allarme per la loro invasione e si danno a una fuga disordinata. Don Abbondio, finito il pericolo di quel matrimonio⁵ un poco truffaldino, cerca di dire ai paesani che non era niente, solo alcuni vagabondi che avevano cercato di forzare la sua porta. I paesani ci credono e non ci credono⁶ perché intanto qualcuno aveva visto dei corbacci neri scappare nella notte dalla casa di Lucia... Insomma, una gran confusione.

脚注

1) **Ne vien (= viene) fuori una notte ~** ne = da ciò（そのこと、すなわち前文で述べられたこと）。そこから「～な一夜が表面化する」→ そういうわけで、結局～な一夜になった。
2) **di soppiatto** こっそりと
3) **la famosa** （有名な→）前から話題になっている、例の。
4) **per capire cosa stia avvenendo** capire che ~ でなく、capire <u>cosa</u> ~ と名詞節を導くのが疑問詞なので stia と接続法になっている。進行形〈stare ＋ジェルンディオ〉で「いったい何が起こりつつある

Capitolo Tre

そんなこんなで、その夜は波乱の一夜となった。ふたりの許婚はアッボンディオ司祭の部屋にこっそり忍び込み、夫婦にしてくれるその大事な宣言をするチャンスをうかがう。すんでのところでそれに気づいたアッボンディオ司祭は机を燭台もろともひっくり返し、窓辺に駆け寄ると助けを求めて大声をあげた。寺男がそれを聞きつけて半鐘を鳴らす。いったい何が起こったのかと、村人たちがひとり残らず表に飛び出してくる。一方、ブラーヴォどもはルチーアの家に侵入するが、もちろんもぬけの殻。半鐘が乱打されるのを耳にするや自分たちの家宅侵入がばれたせいだと思い込み、一目散に逃げ出した。もうちょっとで不意打ちの結婚式を挙げさせられてしまうところだったアッボンディオ司祭は、村人たちに、なんでもない、浮浪者が家に押し入ろうとしただけだ、なんでもないと懸命に説明する。果たしてそれを信じてよいものやら、村人たちは、半信半疑だった。というのも夜陰に紛れてルチーアの家から黒ずくめの怪しい人影が走り去るのを目撃した人がいたからだ……ともかく、いったい何がどうなっているのやら、もうしっちゃかめっちゃかだ。

のか理解しようと」。
5) **finito il pericolo di quel matrimonio**　過去分詞構文。finito の主語は il pericolo「危機的状況が終わったので」。finito の前に essendo を補って、ジェルンディオの複合形と考えるとわかりやすい。
6) **ci credono e non ci credono**　信じてみたり、信じるのをやめたり。いったんは信じたものの、やはり信じられなくて。

La Storia de I Promessi Sposi
raccontata da Umberto Eco

    C'è di più. Una persona perbene che faceva il cameriere nel castello di don Rodrigo aveva orecchiato i piani del suo padrone e aveva avvisato padre Cristoforo. Questi[1] aveva mandato un ragazzetto[2] ad avvisare Renzo e Lucia, il ragazzetto li aveva incontrati mentre di nascosto cercavano di rientrare[3], e li aveva avvertiti che a casa loro c'erano i bravi. I poveretti[4] avevano subito invertito il cammino e si erano rifugiati da padre Cristoforo.

    Avveniva lì un fatto, che a lungo avrebbe diviso le strade dei due promessi: Cristoforo dava a Lucia una lettera per i cappuccini del convento di Monza[5], e a Renzo un'altra per un padre Bonaventura del convento di Milano, pregandolo di trovargli un lavoro laggiù.

    Mentre una barca attraversa il lago per portarli lontani da una casa[6] che forse non rivedranno più, Lucia guarda nella notte le cime dei monti tra i quali era[7] sempre vissuta, la superficie calma del lago, e piange.

脚注

1) **questi** 「後者」。前文にあがった名詞の、最後のものを指す。ここでは直前の padre Cristoforo のこと。単数扱いで動詞は aveva mandato。
2) **ragazzetto** ragazzo ＋ 接尾辞 -etto〈縮小辞〉。12歳のメニコ少年。
3) **di nascosto cercavano di rientrare** 不意打ち結婚の計画が頓挫して、失意のうちに、夜陰に紛れて帰宅しようとしていた。

Capitolo Tre

そればかりではない。ドン・ロドリーゴの城の従者のなかにもまともな男がひとりいたのだが、彼が、主(あるじ)の悪だくみを盗み聞きして、クリストーフォロ神父への御注進におよんだのだ。それをレンツォとルチーアに伝えようと、クリストーフォロ神父はひとりの男の子に伝言を託す。男の子は、こっそり家に戻る途中のレンツォとルチーアに出くわして、ルチーアの家にブラーヴォたちがいることを知らせる。途方に暮れたふたりはすぐさま踵(きびす)をかえし、クリストーフォロ神父のもとへと難を逃れた。

そこで、ふたりの婚約者が、この先長きにわたって別の道を歩むことになってしまったわけだ。クリストーフォロは、ルチーアにはモンツァの修道院のカプチン派修道士に宛てた手紙を、レンツォにはミラノの僧院のボナヴェントゥーラ神父宛てに、彼に仕事を探してやってほしいとしたためた手紙を渡す。

湖を渡る舟が、もう二度と目にすることはないであろう一軒の家からはるかかなたへと、ふたりを連れ去っていく。ずっとその麓で暮らしてきた山々の頂を包む宵闇のなかに湖のおだやかな水面が浮かびあがる。それを見つめるルチーアの目に涙が光る。

---

4) **poveretti**　不運なふたり、レンツォとルチーア。povero ＋ 接尾辞 -etto〈縮小辞〉
5) **Monza**　レッコとミラノのほぼ中間に位置する町。
6) **una casa**　ふたりが新居とするはずだった家。(「第3章後半の登場人物と解説」p.41 参照)
7) **le cime dei monti tra i quali era ~**　前置詞 tra とともに用いられた関係代名詞 i quali の先行詞は i monti。

51

第 4 章の登場人物と解説

エーコが語る『いいなづけ』の物語、第 4 章です。
新たに登場するのは、以下の人物です。

- Gertrude ……………ジェルトルーデ　モンツァの尼僧、シニョーラと呼ばれる
- Egidio ………………エジーディオ　ジェルトルーデの修道院の隣に住む貴族の男

どさくさ紛れに結婚式を挙げてもらう計画に失敗して故郷をあとにしたレンツォとルチーアは、翌朝早くルチーアの落ち着き先モンツァに到着します。モンツァは故郷レッコから南へほぼ30キロ、さらに 2 キロほど南下すればそこはもうミラノです。原作では、ルチーアの母アニェーゼもふたりに同行しています。レンツォは女子修道院までルチーアを見送りたいのですが、人目につかないようすぐに別れよとのクリストーフォロ神父の言いつけに従い、そのままミラノへ向かいます。

尼僧ジェルトルーデ
(1840年版、第 9 章より)

マンゾーニの原作で第 9 〜 10 章に相当するこの部分では、ルチーアが世話をしてもらうことになる修道女、修道院で特別待遇を受けている「シニョーラ」ことジェルトルーデが紹介されます。

鉄格子のはまった窓の向こうの黒いヴェールに包まれた修道女は、まだ20代半ばのはずなのに、どこかしおれた花のような風情。ルチーアたちを見据える視線には高圧的なものすら感じられます。

それでも、パワハラを逃れてモンツァにやって来たルチーアの身の上話に心を動かされたジェルトルーデは、当時ロンバルディア地方を見舞った食糧難で食いぶちを減らす必要に迫られていたにもかかわらず、ルチーアを修道院において面倒をみることにします。

その後も優しく接してくれるのですが、しかし、力のある修道女とはいえ、彼女もそもそもは「どこにでもいる若い娘」でした。それが少しずつ明るみに出てきます。

第 4 章 解説

　隣に住むやくざな貴族エジーディオの誘惑に、彼女が負けるのも無理はなかったのです。

　ジェルトルーデはミラノの公爵家に末娘として生まれました。エーコも詳しく説明しているとおり、ゆくゆくは修道女になることが、生まれたときから定められた環境のなかで育ちます。いずれ女子修道院長としてシスターたちの頂点に立ち、あがめられ羨望の的になることが何にも勝る唯一の目標であり、それ以外の価値観は一切存在しない環境のなかで、なんの疑いも抱くことなく成長します。

　しかし思春期を迎えると、そうした価値観は当然崩れていきます。そこには、学齢に達した娘を、生涯の住処となる女子修道院の寄宿学校に送りこんだ父親の誤算もありました。早くもシニョリーナと呼ばれて特別待遇を受けた彼女は、自分を待っている修道院長の座について級友たちに得意げに語ります。が、だれひとり彼女が期待するように羨ましがってなどくれません。裏切られ、夢は消え去り、結婚という華やかな別世界の存在を知るに及んで、心のなかに暗い闇が広がっていきます。

　価値観の崩壊と葛藤に悩む思春期の少女の心の描写にも、マンゾーニは見事な手腕を発揮しています。もはや修道院に入ることがジェルトルーデの望みではないことを知った女子寄宿学校の級友たちが何人も寄ってたかって、彼女のために父親宛ての嘆願書を合作する場面には、ほほえましいものすら感じられます。が、その一方で、ジェルトルーデのごく普通の娘としての懊悩に、読者ははらはらさせられます。

　正式に修道女となる前の何か月かを自宅で過ごすそのあいだに、家の使用人である御者見習いの若い男に宛てたラブレターが監視役の老女に見つかって、父親の激怒を買うエピソードもあります。単に視界を遮断されていたというだけのことなのです。彼女ほど同情に値する女性は、いないのかもしれません。そして、彼女がこうしたごく普通の女性であったばかりにルチーアを襲う運命とは……それは第 5 章をお楽しみに。

寄宿学校の女子生徒たち
（1840年版、第 9 章より）

La Storia de I Promessi Sposi
raccontata da Umberto Eco

Capitolo

Quattro

🔊 10

Adesso la storia si complica. Possibile? Sì. Renzo deve scappare a Milano e Lucia sarà ospitata nel convento delle suore di clausura¹ di Monza, sotto la protezione speciale della Signora. Salvo che incontrare la Signora è per Lucia cadere dalla padella nella brace², e Renzo arriva a Milano proprio mentre è in corso una terribile sommossa, o rivolta, o forse persino rivoluzione.

Ma andiamo per ordine. Chi è la Signora? Cercate di ricordare quel che ho detto di don Abbondio: capitava nel Seicento che molti si facessero prete non per vocazione ma per trovare da campare in modo tranquillo e senza scosse; ma almeno quelli come don Abbondio la sorte se l'erano scelta³, mentre ad altri era stata imposta contro la loro volontà.

Nelle grandi famiglie, come in tutte le famiglie del passato, si facevano un sacco di figli, ma poi non si voleva dividere il patrimonio⁴. Per cui al figlio maggiore doveva andare tutto, e il titolo, e le terre, e le case e i castelli e le altre ricchezze, e agli altri niente.

脚注

1) **suore di clausura**　特別の場合にのみ外出を許される修道女。
2) **Salvo che incontrare la Signora è per Lucia cadere dalla padella nella brace**　ここで、この先ルチーアに降りかかる不運が暗示される。《salvo che＋直説法》で、「もっとも〜なのだが」。incontrare la Signora「シニョーラに出会うこと」(名詞的用法の不定詞＝主語) が、ルチーアにとっては cadere dalla padella nella brace フライパンから火の上に落ちること ⇒「さらにひどい状況に置かれること」であった。
3) **la sorte se l'erano scelta**　再帰動詞 scegliersi の si は間接目的語の役割をし、「自分の意志で選択する」のニュアンス。scegliere の主語は quelli なので si erano scelti となりそうだが、ここは直接目的語 la

第4章

　さあ、話がごちゃごちゃしてきたね。こんなのあり？　そう、ありなんだよ。レンツォはミラノに逃げなくてはならない、ルチーアは、モンツァの隔離された女子修道院に身を寄せて、シニョーラの特別の保護のもとに置かれる。もっとも、このシニョーラと出会ったばかりに、ルチーアは「泣き面に蜂」の目に遭うことになってしまうのだけれどね。そしてレンツォはというと、たどり着いたミラノが、おりしも、反乱と言おうか、むしろ革命とすら言えそうなひどい暴動のさなかにあった。

　順を追って話すことにしよう。そもそも、このシニョーラとは、いったい何者なのだ？　アッボンディオ司祭について話したことを思い出してもらえるかな。17世紀には、天命と感じるからではなく、安心して楽に食べていきたいという理由で修道士になる人がたくさんいた、と前に言ったよね。それでもアッボンディオ司祭のような人たちは、少なくとも自分の意思でその道を選択した。しかし、なかには、望みもしないのに、聖職者にさせられてしまうケースもあったのだよ。

　昔は、どの家も大家族だった。たくさん子どもを作ったまではいいけれど、遺産を大勢で分割することはしたくない。だから、家の称号から土地から家屋敷から城から、ありとあらゆる財産を、長男ひとりに丸ごと相続させるしかなかったんだ。

---

　　　sorte を代名詞 la に置き換えて反復し、scegliersi + la ⇒ se la erano scelta としている。そのため、助動詞が essere でも、過去分詞は直接目的語代名詞 la に一致して scelta となる。
4）**non si voleva dividere il patrimonio**　si は「受身的な非人称」の代名詞。dividere が直接目的語 il patrimonio をとる他動詞なので文法的には「受身の si」ととるべきだが、意味からすると明らかに「一般的に」という非人称のニュアンスが濃厚。このように補助動詞 volere を伴うなど、決め手となる動詞が不定詞の場合には、受身であっても「非人称的な si」の色合いが濃い場合が多い。Per cui で始まる次の文の関係代名詞 cui の先行詞は、前文の non si voleva ~。

La Storia de I Promessi Sposi
raccontata da Umberto Eco

Ma come si faceva a non dar[1] niente ai figli minori? Mandandoli a fare uno il frate e l'altra la suora. Anche se non volevano? Eh sì.

 Questa nostra Signora, che si chiamava Gertrude, era stata condannata a diventar monaca sin da piccola[2], tanto che per metterle in testa che quello era il suo destino le davano[3] soltanto delle bambole vestite da suora, e le raccontavano come sarebbe stata felice e onorata quando fosse diventata badessa, e cioè madre superiora – perché tutte le suore erano uguali, ma alcune, quelle di famiglia nobile, erano più uguali delle altre[4] e si assicuravano i posti più importanti del convento.

 A scuola dalle monache, c'erano anche ragazze che poi sarebbero tornate a casa e si sarebbero sposate e, vanitosette[5] come tutte le ragazzine ricche e viziate, si raccontavano[6] l'una con l'altra i bei vestiti che avrebbero avuto e le belle feste a cui avrebbero partecipato. E Gertrude a rodersi[7].

脚注

1) **come si fa a non ＋不定詞**　「～しないでどのようにすればよいのか」si は非人称の代名詞。「～するのが慣例だった」。
2) **essere condannato a ～**　「～と判決を下される、宣告される」。sino da piccola で「小さいときから」。sin は sino の語尾切断。
3) **tanto che ～ davano**　tanto che ～ は接続詞句「～なほど」。davano の主語は明示されていないが「まわりの大人たち」。次の raccontavano の主語も同様。
4) **erano più uguali delle altre**　uguale「同等」ではあるのだけれど、その度合いがほかよりもちょっ

Capitolo Quattro

　それじゃ、何ひとつ遺してやらないで、下の子たちをどうするのだ？ 男の子はお坊さんに、女の子はシスターにしてしまったんだ。本人がいやだと言っても？ そう、そうなんだよ。

　ここに登場するシニョーラは、名をジェルトルーデといって、修道女になることが小さいときから決められてしまっていた。それが自分の運命だと頭に叩き込もうとまわりの大人は躍起になっていたから、あてがう人形といえば修道女の服をまとったものだけ、というほどの徹底ぶりだった。やがて女子修道院長として尼僧たちのトップに立ったあかつきには、どれほど晴れがましい幸せを味わえるかと言い聞かせた。修道女たちはみな平等のはずだけれど、貴族の家の出となると、平等とはいってもほかのシスターたちとまったく同じというわけではなかったんだ。修道院での重要なポストが保証されていたからね。

　女子修道院の寄宿学校の生徒たちのなかには、卒業したら自宅にもどり、やがて結婚することになる子たちもいた。甘やかされて育ったお金持ちの女の子のご多分にもれず、ちょっぴり見栄っ張りで、すてきなお洋服で楽しいパーティーにお出かけするのよ、なんていうお喋りに花を咲かせている。ジェルトルーデはたまったものじゃない。

と上だった。シスターは suora または sorella、院長 badessa の立場にあると madre あるいは madre superiora と呼ばれる。シスターも家柄などによって特別待遇されることがあり、その場合には suora, sorella の代わりに、signorina, signora のような特別な名称で呼ばれた。

5) **vanitosette**　形容詞 vanitoso「虚栄心の強い」＋接尾辞 -etto（縮小辞）〈わずかに〉
6) **si raccontavano**　相互的再帰動詞「話し合っていた」
7) **E Gertrude a rodersi**　《名詞 a ＋不定詞》で「～する…がいる」⇒ ジェルトルーデのほうは、ひたすら rodersi 再帰動詞「苦しむ」ばかりだった。

La Storia de I Promessi Sposi
raccontata da Umberto Eco

11

Aveva sì tentato, all'ultimo momento, quando prima di pronunciare i voti era stata mandata a casa per passare gli ultimi mesi coi suoi, di far capire al padre che a lei l'idea di seppellirsi in clausura le faceva orrore. Ma era stata trattata come una scostumata, una capricciosetta[1] senza riconoscenza che dava un calcio a un futuro splendido, e faceva morire di crepacuore i propri genitori. Insomma, le avevano fatto un vero e proprio lavaggio del cervello. E siccome, prima del momento supremo, Gertrude era stata interrogata da un buon ecclesiastico, che doveva assicurarsi che la sua scelta fosse spontanea, lei, con la morte nel cuore, aveva giurato che voleva diventare monaca di sua volontà, senza che nessuno l'avesse influenzata[2]. Anche il buon ecclesiastico sapeva che non era vero e glielo si leggeva negli occhi, ma il Seicento[3] era un'epoca molto ipocrita, in cui spesso contava più l'apparenza che la sostanza, o ciò che si diceva piuttosto che ciò che si faceva.

E così Gertrude era diventata la Signora del convento di Monza, seppellita per sempre tra quelle mura, da cui non avrebbe mai più dovuto uscire.

Di fronte alle disgrazie, c'è gente che si rassegna e c'è gente che s'infuria, vedi per esempio Renzo che voleva far la pelle a don Rodrigo[4]. Gertrude aveva elaborato una resistenza fredda, sotterranea, arcigna, diventando prepotente e crudele con le sue consorelle, e odiando tutto il mondo.

脚注

1) **capricciosetta**　capricciosa「わがままな、きまぐれな」＋接尾辞 -etta〈わずかに〉
2) **《senza che ＋接続法》**　l'avesse influenzata「だれも彼女に影響を与えた、ということなしに」。
3) **il Seicento**　語頭の S は大文字。定冠詞 il がついて1600年代 → 17世紀。17世紀は、荘重な建築物や華

Capitolo
Quattro

　そこで、修道院に入る誓いを立てる直前の最後の何か月かを家族と過ごすために自宅に戻ったとき、このまま世間から隔てられた生活に引きこもるなど、考えただけで恐ろしくてぞっとするということをなんとかわかってもらおうと、父親に訴えようとした。ところが彼女は、とんでもないふしだら娘、輝く未来を台無しにして親が心痛のあまり死んでしまってもへっちゃらでいるような聞きわけのないわがまま娘としか受け止めてもらえなかった。要するに大人たちは、彼女を完璧に洗脳した気でいたのだ。誓いを述べる崇高なそのときを前にして、その選択が自発的なものであることを確かめる役回りの善き聖職者から試問を受けたとき、ジェルトルーデは張り裂ける心を押し殺して、自らの意思で尼僧になりたいと思っています、だれの考えにも左右されてはいません、と言いきった。それが本心でないことは、試問役の心優しい聖職者にもわかっていたし、彼女の目を見ればそれは一目瞭然だった。それにしても、17世紀というのはものすごく偽善的な時代だったのだね。重要なのは実質よりも見かけ、実際になされることよりも口先の言葉のほうが意味を持つ、そんな時代だったんだ。

　こうしてジェルトルーデは、モンツァの修道院のシニョーラとなった。永久に壁のなかに閉じ込められ、もう二度と自由に外出することは許されない。

　不運に見舞われたとき、諦める人もいれば憤慨する人もいる。ほら、たとえばドン・ロドリーゴを殺してやりたいと思ったレンツォは後者だよね。ジェルトルーデは、人知れず、冷たさと厳しさをもって、ひたすら耐える術(すべ)を練りあげていった。修道女仲間には高圧的で冷酷とすらいえる態度で冷やかに接し、この世のすべてを憎悪した。

美な装飾に代表されるバロックの時代でもあった。

4) fare la pelle a ＋人　人を殺す

La Storia de I Promessi Sposi
raccontata da Umberto Eco

    Ora, era accaduto che la finestra della sua cella desse sul[1] giardino di un certo Egidio, nobilastro[2] della razza di don Rodrigo, e quello si era messo a insidiarla. Gertrude non aveva la tempra di Lucia – e poi, diciamolo[3], non aveva un Renzo che l'aspettava… Così aveva ceduto alla sua corte. Non so come facessero a vedersi[4], forse qualche porticina segreta univa quell'ala del convento al giardino di Egidio, ma insomma avevano fatto quello che una suora non dovrebbe mai fare[5]. Peggio ancora, visto che[6] una giovane del convento se n'era accorta e stava per spettegolarne in giro, Egidio, complice il silenzio di Gertrude[7], l'aveva assassinata, facendone scomparire il cadavere. Ecco in che bell'ambientino era capitata Lucia.

    Gertrude era diventata cattiva perché vi era stata tirata per i capelli[8] da parenti più cattivi di lei, e possiamo certo farci impietosire dalla[9] sua vita andata distrutta, e tante altre belle cose, ma sta di fatto che proprio a una sciagurata come lei era stata affidata la sicurezza di Lucia.

脚注

1) **era accaduto che ＋接続法半過去 desse**　「たまたま〜ということが起こっていた」。dare su 〜 で「〜に面する」。
2) **nobilastro**　nobile「貴族」＋接尾辞 -astro〈軽蔑〉
3) **diciamolo**　そう言っておこう ⇒「言うなれば」。中性代名詞 lo「そのことを」が命令法 diciamo の末尾に結合。un Renzo の不定冠詞 un に着目。「レンツォのような存在」
4) **Non so come facessero a vedersi**　《non sapere come ＋接続法》だが、主節の so は直説法現在、従属節の facessero は接続法半過去。「そのとき〜だったのか」が「今わからない」。このような時制の組み合わせは珍しくない。vedersi は相互再帰動詞。《fare a ＋不定詞》は p.56 脚注 1）参照。
5) **quello che una suora non dovrebbe mai fare**　quello che で、関係代名詞 che 以下のこと。不定冠詞 una から「suora であればだれであれ、ぜったいにやってはいけないはずのこと」という条件法

Capitolo
Quattro

　ところで、彼女の独房の窓はたまたま、ドン・ロドリーゴみたいなしがない貴族、エジーディオという男の庭に面していた。こいつが彼女にちょっかいを出し始めたのだ。ジェルトルーデには、ルチーアのような一本気なところもなかったし、それにまあ、なんて言うかな、自分を待ってくれているレンツォのようなカレシがいるわけでもない……そこで誘惑に負けた。ふたりはいったいどうやって会っていたのだろうね。きっと、修道院の建物の脇にエジーディオの庭に通じる秘密の小さな扉でもあったのだろう。ともあれ、修道女ならぜったいにしてはいけないことをふたりしてやらかしていたわけだ。さらに許せないことに、ひ
とりの若い修道女がそれに気づいて、今にも言いふらして歩きそうだったものだから、エジーディオはその修道女を殺して遺体をあとかたもなく始末してしまった。黙っていたジェルトルーデも共犯ということになるよね。それにしてもルチーアは、なんとまあ、スバラシイお膳立てのなかに身を置くことになったのだろう。

　ジェルトルーデが悪女になったのは、彼女よりももっと性質の悪い親族のせいで、無理やりこんなところに入れられてしまったせいだ。何もかも奪われて人生を台無しにされたことを思えば、たしかに同情の余地がないわけではないのかもしれないね。ま、それはともかくとして、ルチーアの身の安全が、こんな女に託されてしまった、というわけだ。

---

　　　dovrebbe のニュアンスが浮かびあがる。
6) **visto che ~**　　visto che は接続詞句「～なので」。se n'era accorta < accorgersi di ~「～に気づく」、spettegolarne < spettegolare di ~「～について噂する」の ne はともに「ふたりが密会していることについて」。stare per +不定詞は「～しようとしている」。
7) **complice il silenzio di Gertrude**　　副詞句「ジェルトルーデの沈黙を共犯者として」。続くジェルンディオ構文 facendone scomparire il cadavere の ne は della giovane。〈fare +不定詞〉＝使役「～させる」。
8) **tirare per i capelli**　　人の髪を引っぱる ⇒ 力ずくで引きずる、無理強いする。vi は場所を示す副詞「そこに」＝ ci
9) **possiamo farci impietosire da~**　　「～を理由として私たち自身を同情させることができる」。fare を使った使役の構文であり、単純な possiamo impietosirci よりも、「意図して無理やり同情する」ニュアンスが強い。

第 5 章の登場人物と解説

エーコが語る『いいなづけ』の物語、第 5 章です。
新たに登場するのは、以下の人物です。

- **L'Innominato** …… インノミナート　悪辣さにおいて随一の名前不詳の貴族
- **Il Nibbio** ………… ニッビオ　インノミナートの手下(ブラーヴォ)

ここでは、シニョーラの保護下に置かれたルチーアのその後が語られます。マンゾーニの原作では、19 章の終わりから 20 章に相当します。

シニョーラはルチーアに好意を抱いて優しく接し、彼女を守るべき立場にあることを十分承知していたはずです。しかし、愛人に逆らうことができなかったばかりに、不本意にとはいえ、すでに婚約者と離れ離れになる運命を負わされていたルチーアをさらなる絶望の底に落として、「泣き面に蜂」の目に遭わせることになってしまうのです。

山々のいただきに聳え立つインノミナートの城
(1840年版、第20章より)

レンツォとルチーアの悲劇の元凶となったやくざな男ドン・ロドリーゴは、ルチーアの誘拐計画が失敗に終わったのがどうしても諦めきれず、あれやこれやと手を尽くします。同じくやくざな従兄弟アッティリオ伯爵を動員して、権力者であるミラノの伯父に働きかけ、邪魔者クリストーフォロ神父の島流しまでうまくやってのけてしまうのですから、計画の練り方はなかなか冷静かつ緻密です。そして極めつきに、悪の権化としてだれからも恐れられ、それゆえに敬愛してやまないインノミナートの力を借りることにします。

名前不詳の男インノミナートは家柄もよく財力もあった男とされています。この男の呼び名について、マンゾーニは「本書を書くにあたって典拠とした」とする実在の歴史家 Giuseppe Ripamonti (1573-1643) を援用しながら、以下のように記しています。

第 5 章 解説

　この男については名前も姓も肩書きも記すことはできないし、何ひとつ推測することもできない。不思議なことに、この男とおぼしき人物に言及した書物が何冊も印刷出版されているにもかかわらず、名前はどこにも記されていない。どの書物でも、同じ事件の叙述のなかに登場するので、同一人物であることに疑いの余地はないのだ。〔略〕ジュゼッペ・リパモンティは、著書『祖国の歴史』第 5 巻でこの男について詳述しているが、「uno ある人」「costui この人」「colui その人」「quest'uomo この男」「quel personaggio その人物」といった呼び名しか用いていない。

(Manzoni: I promessi sposi, Oscar Classici Mondadori 1995, cap.19 p.371-372)

「重要な殺人に際して何度も彼の手をかりた外国の君主もいる」(同 p.374) というこの男を訪れたドン・ロドリーゴは、状況を説明し、ルチーアの誘拐を依頼します。

　インノミナートは、まるで心の中に潜んでいた悪魔の声を聞いたかのごとく、突然、よし、引き受けたと言って、相手の話をさえぎった。憐れなルチーアの名前をメモすると「そちらでやってもらいたいことについては、いずれ伝えるから」と言ってドン・ロドリーゴを帰らせた。〔略〕しかし、ひとりになるやいなや、そんな約束をしたことで、後悔したとは言わないまでも、不快な気分に襲われた。実は少し前から、自らの凶悪な行為について、悔やむわけではないのだが、うんざりしていたのである。

(同 cap.20 p.380-381)

　引用の最後に、インノミナートの心の何らかの異変が示唆されています。果たして、本当に、ドン・ロドリーゴを凌ぐほどの悪党なのでしょうか。
　ともあれ、シニョーラの愛人エジーディオがインノミナートの腹心の部下だったのが致命的でした。シニョーラに裏切られたルチーアは、実行犯ニッビオらによってインノミナートの鷹の巣城へと連行されます。もはや絶体絶命……のはずですが、待ち受けている展開は、ちょっと間をおいて少し先のお楽しみ。第 6 章では、レンツォの足跡を追うことにしましょう。

インノミナートの手下に誘拐されるルチーア
(1840 年版、第 20 章より)

La Storia de I Promessi Sposi
raccontata da Umberto Eco

Capitolo

Cinque

E qui entra in scena un altro cattivo ancora, certamente il più cattivo di tutti. Viveva in quelle valli, arroccato su un nido d'aquila[1] in cima ai monti, con le vie d'accesso sorvegliate da manipoli di bravacci armati sino ai denti, un signorotto così feroce che la gente aveva persino paura a pronunciarne il nome. E neanche il signor Alessandro ce lo ha detto, tanto che lo conosciamo come l'Innominato[2].

Questo Innominato non solo era uno scapestrato e un impunito come don Rodrigo, era un vero e proprio criminale che violava tutte le leggi, aiutava i prepotenti come lui, e commetteva delitti, direi[3], per provare il piacere della propria cattiveria.

脚注

1) **un nido d'aquila** 鷹の巣。鷹が高い場所に巣を作るところからの比喩的表現。
2) **innominato** nominare「名づける」の過去分詞に〈否定〉の接頭辞 in- をつけた名詞的用法。「名を呼ばれることのない男」の意。あだ名なので l'Innominato と定冠詞がついている。〜 tanto che... は「〜なので

Capitolo
Cinque

第 5 章

さてここでもうひとり悪者が登場する。まちがいなく、だれよりもいちばん悪い男だ。谷間をみおろす山々のいただきに高々と聳(そび)え立つ鷹の巣のような館に暮らしていた。そこへと向かう道には、歯の一本一本にいたるまで体じゅうを武装した用心棒(ブラヴァッチョ)どもが、隊をなして見張りに立っている。この男はものすごく凶暴な地つきの貴族(シニョロット)だったので、人々はその名前を口にすることすら怖がったほどなんだ。アレッサンドロさんですら私たちに名前を教えてくれていないから、ここでも、名無しの権兵衛インノミナートとしておくしかないな。

　この、名無しのインノミナートが、ドン・ロドリーゴみたいにどんな無茶苦茶でもやってのけるごろつきだったのは言うまでもないのだが、自分と同類の横暴な権力者のためとあらば、いかなる法規をも平気で犯す札付きの悪党だった。きっと悪事を働くことそのものを愉快と感じていたのだろうね。

…なほどだ」〈接続詞句〉。

3) **direi** dire の条件法現在。「あえて自分の意見を言わせてもらえば、言ってみれば」。挿入句として用いている。

La Storia de I Promessi Sposi
raccontata da Umberto Eco

Non saprei bene dirvi quali e quante ne combinava, ma fate conto che fosse[1] come uno che oggi è legato alla mafia e alla camorra, fa il contrabbando di droga e dirige l'anonima sequestri. E in più, comperava giudici e uomini di governo (che a quei tempi erano molto corrotti), così che nessuno avrebbe mai osato mandarlo in galera. Vi basta?

E siccome Dio li fa e poi li accoppia[2], era amico di don Rodrigo, che lo rispettava e lo temeva. Don Rodrigo, a cui il fatto che Lucia gli fosse sfuggita non andava giù[3], frattanto aveva fatto tre cose. Primo, era riuscito a trovare le tracce di Lucia presso il convento di Monza. Secondo, per liberarsi dell'unica persona che avrebbe potuto dargli ancora fastidio, padre Cristoforo, aveva mosso uno zio potentissimo, molto ascoltato[4] anche dai cappuccini, e aveva fatto trasferire padre Cristoforo a Rimini[5] – che coi trasporti di quei tempi, in cui, salvo i signori, tutti andavano a piedi, e di servizi postali non ce n'erano, era come farlo trasferire in un altro continente. Terzo, era andato dall'Innominato e gli aveva chiesto una piccola cortesia: che gli rapisse Lucia e gliela consegnasse.

脚注

1) **fare conto che ＋接続法**　「～とみなす」。**mafia** マフィアはシチリアの、**camorra** カモッラはナポリの犯罪組織（第 1 章 p.16 脚注 3 参照）。**anonima sequestri** は「誘拐組織」。サルデーニャで誘拐が横行した 1960 年代には anonima sarda といった用語がジャーナリズムで用いられた。
2) **Dio li fa e poi li accoppia.**　〔諺〕類は友を呼ぶ。神が彼ら（ここでは悪党）を創り、いずれ彼らを接近させる。

Capitolo Cinque

どんな悪さをいったいどれだけやらかしたのか、私も正確なところはわからないんだ。まあ、さしずめ今日なら、マフィアやカモッラとつるんで麻薬の密売をしたり、誘拐組織の元締めをするようなやつを思い描いてもらえばいいかな。そればかりか、裁判官や政治家を金で買収していたから（この時代の役人たちの堕落ぶりはひどいものだったんだよ）、だれも、おいそれとはこいつを牢屋に入れようとはしなかったくらいなんだ。これくらい言えば、もうじゅうぶんだよね。

　類は友を呼ぶって言うじゃないか。この男を敬いかつ畏怖するドン・ロドリーゴは、彼とお近づきになっていた。ルチーアに逃げられたことがどうしても諦めきれないドン・ロドリーゴは、このときまでに３つのことをやっていた。まず、ルチーアの足跡をたどり、彼女がモンツァの僧院に身を寄せたのを突きとめた。次に、また邪魔してくるかもしれないたったひとりの人物、クリストーフォロ神父の目を逃れるために、カプチン派の僧侶たちにも大きな影響力のある有力者の伯父に働きかけて神父をリミニに左遷させた。この時代は、貴族でもないかぎり歩くしかなかったんだ。それに今みたいな郵便制度だってない。まるで地の果てに島流しにしたようなものだよ。そして３つ目のこととしてインノミナートを訪ね、ほんのささやかな願いごとをかなえてほしいと頼んだんだ。つまり、ルチーアを誘拐して自分に引き渡してほしいってね。

---

3) **andare giù a ＋人**　〔事柄が主語で〕納得がいく、飲み込める。主語は il fatto che Lucia gli fosse sfuggita「ルチーアが彼から逃げたという事実」〈il fatto che ＋接続法〉。
4) **ascoltato**　（言うことが聞かれる→）発言力が大きい。
5) **Rimini**　現エミリア＝ロマーニャ州南部のアドリア海岸の町。ミラノから直線距離で約300km。

La Storia de I Promessi Sposi
raccontata da Umberto Eco

  Guarda caso[1], l'Innominato era a sua volta[2] amico di Egidio (perché i mariuoli si assistono tra loro), Egidio aveva il potere nefasto che sappiamo sulla Signora, e tiratene le conclusioni[3].

  La Signora, pur disperata di dover fare una cattiveria del genere a Lucia, a cui si era quasi affezionata, non può o non vuole disubbidire al suo perfido amico. Finge di dare una commissione a Lucia, inviandola a portare un messaggio al convento dei cappuccini. Lucia va, a metà strada vede una carrozza, non fa in tempo a scorgere le facce patibolari di chi vi sta dentro, che i bravi dell'Innominato, capitanati dal temibile Nibbio[4], l'afferrano, la chiudono nel veicolo, e la portano su su fino al castellaccio.

脚注

1) **Guarda caso**　guarda は guardare の命令法 2 人称単数形。(この偶然を見てごらん ⇒) よりによって、こともあろうに。
2) **a sua volta**　彼のほうはどうかというと、彼は彼で。
3) **tiratene le conclusioni**　ne は「そのことから」。エジーディオがシニョーラを誘惑したばかりか、それに気づいた修道女を殺したことをシニョーラに黙認させた（第 4 章 p.60-p.61 参照）ことを指し、tirare の

Capitolo
Cinque

　そしてまあこともあろうにインノミナートはインノミナートで、エジーディオとつうかあの仲ときていた（「悪い奴ら」は持ちつ持たれつだって言うからね）。エジーディオはシニョーラを、自分の思いのままにしてしまった。そんな薄気味悪い力を持つ男だ。どんな結末が待っているか、みんな、もうわかるよね。

　シニョーラは、ルチーアに愛情とも呼べるほどの好意を抱いていた。その彼女にこんなひどい仕打ちをしなくてはならないなんて、心が張り裂けそうだ。でも、この腹黒い友に逆らうわけにはいかない。あるいは逆らいたくなかったのかもしれないね。そこでルチーアに、カプチン派の修道院に伝言を届けるという大事な用事を託す振りをして、彼女を送り出したのだ。ルチーアは出かけた。道なかばで１台の馬車に出会う。なかにいる男どもの凶悪な形相に気づく暇はなかった。彼らこそ、恐るべきニッビオに率いられたインノミナートのブラーヴォどもだったのだ。やつらは彼女を押さえつけ、馬車に閉じ込めると、いまわしい城館目指して坂を一気に駆けあがった。

命令法２人称複数形 tirate に結合している。「そこから le conclusioni 結論（エジーディオがインノミナートの命令に従い、シニョーラに協力させてルチーアの誘拐を実現させることになった）を、きみたちが引き出してごらん」。

4) **Nibbio**　「鳶(とび)」の意。

第6章前半の登場人物と解説

　エーコが語る『いいなづけ』の物語、第6章は前半と後半にわけて解説します。
　前半では、レンツォが到着したミラノの町の様子が語られており、物語に直接かかわる新しい人物は登場しません。
　エーコの第6章前半は、マンゾーニの原作の第11章～第13章に相当します。
　1628年末のロンバルディア地方はパンの欠乏に見舞われていました。今回の「登場人物」はまず〈食糧難〉。そしてそれと密接な関係にあった〈戦争〉ということになるでしょうか。

　第4章で、レンツォはルチーアの落ち着き先であるモンツァまで、彼女と行動をともにしました。この先いつ会えるともわからないルチーアを、修道院まで見送りたいのはやまやまでしたが、クリストーフォロ神父の言いつけを守って、挨拶もそこそこに、ひとりミラノを目指します。こんな別れが強いられたのも、ひとえにあのドン・ロドリーゴのせい……　こみあげる憤懣を、道ばたの小さな礼拝堂の前に佇んでは鎮め

ミラノへの道すがら祈りを捧げるレンツォ
（1840年版、第11章より）

ながら、ようやくミラノにたどり着きました。初めて目にする大都会は騒然としています。「パン騒動」のさなかにあったのです。歴史に残る1628年ミラノの「パン騒動」の様子は、マンゾーニの原作でも詳しく語られています。正義を見極める目をもって若きクリストーフォロ神父を助けた「群衆」（第2章の登場人物と解説 p.29）も、何かのはずみでいったん暴徒と化したら最後、今度はどれほど暴力的な力となるか、そのさまがヴィヴィッドに描写されています。

　レンツォの目に映った「桃源郷」（p.78-79）については、マンゾーニの第11章に、次のように記されています。クリストーフォロ神父に書いてもらった紹介状の宛名人ボナヴェントゥーラ神父を訪ねようと、レンツォがカプチン派修道院への道をたどる場面を、以下に引用します。

　大都会とは思えない静けさをどう理解したものか、とまどいながら歩を進めていく

第6章 解説(1)

と、地面に、まるで雪のようにやわらかな白い筋が何本か伸びているのが目に入った。しかし、この季節に雪が降るはずはない。それに雪なら筋状になったりはしない。1本の筋のうえに身をかがめて観察し、手で触れてみた。小麦粉だ。「こんなにありあまっているのか、ミラノには」とレンツォはひとりごちた。「神さまのお恵みをこんなふうにうっちゃるだなんて。おれたちは、どこもかしこも食糧難だとか聞かされていたけれど、なんだよ、このざまは。田舎の貧しいおれたちを黙らせるため

円柱の台座にパンを見つけたレンツォ
（1840年版、第11章より）

にあんなことを言っていたのか」。しかし、さらにもう少し歩いて円柱（てっぺんに十字架のあるサン・ディオニージの柱）のところまで来たとき、足元に目をやると、さらに不思議な光景が目に入った。円柱の台座の石段に、何かが散らばっている。どうみても小石ではない。もしもパン屋の棚に並んでいれば、迷わずパンと呼べる物体だ。

(Manzoni: I promessi sposi, Oscar Classici Mondadori 1995, cap.12 p.251-252)

　長旅の空腹を抱えるレンツォの前に突如出現したパンは、まさに神の恵みでした。
　食糧難の原因は言うまでもなく凶作ですが、因果関係を見落とすわけにいかないのは、折からの戦争です。ドイツ、ボヘミア、デンマーク、スウェーデンなど北ヨーロッパ全土を巻き込んだ30年戦争（1618-1648年）の一環であるマントヴァ継承戦争が、ちょうど1628年から1631年にかけて、ピエモンテ地方とロンバルディア地方で繰り広げられていました。傭兵による一般市民の殺戮と略奪、そこにさらに兵隊がもたらした疫病ペストの蔓延も加わって、マントヴァの町では3万を数えていた人口が、1630年には3分の1の1万に激減したと言われます。継承戦争の詳細についてはマンゾーニが原作第27章の冒頭で述べていますが、エーコの助言に従って、皇位継承が紛糾したいきさつには立ち入らないほうがよさそうです。込みいった話でわけがわかりませんから。
　戦禍が撒いた悲惨な種の数々が、レンツォたちの運命にまでどのような波紋を投げかけることになるか、そちらに注目することにしましょう。

第6章後半の登場人物と解説

続いて、エーコが語る『いいなづけ』の物語、第6章の後半です。
ここで新たに登場するのは、いずれもこの場面にのみ登場する人物です。

- Spia della polizia ………… 警察のスパイ
- Due gendarmi ……………… ふたりの憲兵
- Mercante di Milano ………… ミラノの商人
- Bortolo ……………………… ボルトロ　ベルガモに住むレンツォの従兄弟

　レンツォがやってきたミラノが、折から、パンをめぐる当局の不当な対応に民衆が怒りを爆発させた騒乱のさなかにあったことは、第6章前半の登場人物と解説で紹介したとおりです。つねに正義を求めるレンツォの血が、ここで騒がないはずはありません。

　カプチン派修道院に訪ねたボナヴェントゥーラ神父がたまたま留守だったので、教会で神父の帰りを待つことにしたものの、外のただならぬ騒がしさが気になって、様子を見ようと町なかに出ていきます（マンゾーニの原作 第11章最後）。

　騒ぎはとりあえず治まったようですが、暴動を起こした民衆の怒りはまだくすぶり続けています。形こそ違え、レンツォもドン・ロドリーゴからとんでもないパワハラを受けたばかり、被害を受ける、同じ弱者としての立場から、あたりにまだ留まっていた人たちに向かって、「皆さん」と呼びかけると、演説口調で熱弁をふるい始めます。問題はパンのことばかりではない。また、ミラノにかぎらず田舎でも、一握りの暴君が勝手放題をしている。それを許しておいてよいものか。悪事を働く者には、たとえそれが権力者であろうとも、お触れに従って罰を下すべきではないのか……。この正論に対する聴衆の

ミラノの群衆に演説をするレンツォ
（1840年版、第14章より）

第6章 解説(2)

　反応が必ずしも一様でなかったことは、エーコも語っているとおりです。その部分を、マンゾーニから引用します。

～～～～

　レンツォの心を込めた熱っぽい語り口に、居合わせた人びとの大半がすぐにお喋りをやめて向き直り、やがて、ひとり残らず彼の演説に聞き入った。聴衆のあいだから「いいぞ」「そうだそうだ」「まったくそのとおり」という声が拍手にまざって聞こえてくる。しかし、なかには苦虫を嚙み潰したような顔をする人もいた。「やれやれ、田舎者の言うことを聞いてやりゃあ……、たいそうな御託を並べるわ」そう言って立ち去る人もいた。「このご時世」と別の男がもごもご言った。「どいつもこいつもそれぞれに言いたいことがあるらしい。それでいろんなことをいっぺんにやろうとするから安いパンが消えちまうんだ。おれたちが立ちあがったのは、安いパンのためだっていうのによ」
　しかし、レンツォの耳に届いてきたのは賛辞だけだった。ある人は彼の右手を、ある人は左手をとって握手した。「それじゃ、また明日」「場所は？」「ドゥオーモ広場で」「わかった」「了解」「何か起こるぞ」「何かが起こるな」。
　「皆さんのなかに、どこか宿をご存じの方はありませんか？　ちょっと腹ごしらえをして、眠る場所さえあればいいんですが」とレンツォが言った。
　「私がご案内しましょう、お若いの」そう申し出たのは、演説に注意深く耳を傾けていたものの、まだひと言も言葉を発していない男だった。

(Manzoni: I promessi sposi, Oscar Classici Mondadori 1995, cap.14 p.273-274)

　宿の案内を申し出たこの男こそ、暴動の先導者として罪人に仕立てあげるカモを探していた警察のスパイだったのです。
　権力の横暴を許すことができない正義感に燃える若者レンツォ、しかし都会がどれほど生き馬の目を抜くものか、その認識に欠けていたのは無理もないでしょう。
　スパイの罠にはまったレンツォは、翌朝、危うく逮捕されるところでしたが、間一髪で危機を脱することができたのは、好意的な群衆の動きがあったためでした。どうやら彼は、人好きのする自らの性格に助けられているようです。批判的な声が彼の耳には入ってこなかったのも、あるいは当然なのかもしれません。大方はレンツォに好意的、少なくとも彼はそう信じていました。だから、ミラノの町を抜け出してヴェネツィア共和国の領地であるベルガモを目指す道中、ミラノで自分がお尋ね者になっているとの噂を耳にしたのは青天の霹靂でした。が、そこは彼らしい知恵を動員して危険なことは極力遠ざけ、身の安全を守ります。それもこれも、再び無事にルチーアと再会するため。今ここで逮捕なんかされたら、たまったものではありませんからね！
　ところで、モンツァで誘拐の憂き目に遭ったルチーアはどうしているでしょうか。第7章では再びルチーアのドラマに戻ります。

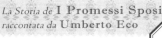

Capitolo

Sei

Adesso scusatemi se devo saltabeccare di qua e di là, ma questa è una storia di molte disgrazie, e dobbiamo occuparci di quel che nel frattempo accadeva a Renzo. Il quale capitava a Milano nel momento in cui[1] una folla disperata aveva dato inizio a un attacco ai forni del pane.

Cosa era successo? Tutto il Piemonte e la Lombardia erano allora coinvolti in quella che sarebbe poi stata detta la guerra dei trent'anni, anche se l'avrebbero chiamata così solo dopo, perché all'inizio nessuno pensava che sarebbe durata tanto[2].

脚注

1) <u>Il quale</u> capitava a Milano nel momento <u>in cui</u> 〜　文頭の il quale は関係代名詞。先行詞は前文最後の Renzo。capitare は「(人が) たまたまその場に出現する」。このように先行詞と関係代名詞節が2つの文にわかれることもある。実は関係詞節である Il quale 〜 の文のなかに、もうひとつの関係詞節 in cui 〜 がある。cui の先行詞は il momento。dare inizio a 〜 で「〜を始める」。

第 6 章

　さて、あっちこっちへ話が跳んで、目まぐるしいよね。でもこれは、災難があっちこっちでふりかかる物語だから、しかたがないんだ。その頃レンツォの身に何が起こっていたか、そっちも見ておかないといけないしね。レンツォがミラノにやってきたのはちょうど、ヤケくそになった群衆がパン屋への襲撃を始めたときだった。

　いったい何があったというのだ？　その頃、ピエモンテ地方全域とロンバルディア地方は、後に30年戦争と言われることになる戦いに巻き込まれていた。30年戦争と呼ばれるようになるのは後になってからのことだよ。だって、最初は30年も続くなんて、だれも思っていなかったんだもの。

2) **che sarebbe poi stata detta ~ che sarebbe durata tanto**　関係代名詞 che ~ の節の sarebbe poi stata detta は条件法過去（過去から見た未来）の受動態で「後に~と言われることになるだろう」。続く anche se ~ の節の l'avrebbero chiamata、perché の節の sarebbe durata、いずれも、過去から見た未来を表す条件法過去（過去未来）。

La Storia de I Promessi Sposi
raccontata da Umberto Eco

    Non cercate di capire che cosa stesse succedendo[1] perché era, come si dice oggi, un gran casino[2], con gli spagnoli e i tedeschi contro i francesi, il duca di Savoia che non si capiva mai da che parte stava, la città di Casale Monferrato sotto assedio, e Mantova conquistata e saccheggiata[3].

    Ora, a quei tempi, una guerra era fatta in gran parte da mercenari, uomini che vivevano combattendo per chi li pagava, ma che si potevano anche non pagare purché avessero licenza di saccheggio[4]: se entravano in una città passavano tutti a fil di spada[5] e svuotavano ogni casa, ogni chiesa, ogni palazzo. Pertanto, dove passavano loro era come se fossero passate le cavallette, e non importa se il territorio che attraversavano fosse amico o nemico, divoravano tutto. Sbronzi, quasi sempre, e sanguinari per mestiere.

    È ovvio che un paese in guerra – attraversato da quelle orde di manigoldi, coi governanti che pensavano solo a spendere in armi senza calcolare troppo se i soldi e le derrate bastavano, e coi raccolti che andavano in malora calpestati dagli eserciti – non poteva che soffrire di una crisi economica, di una mancanza di beni di prima necessità, di una carestia vera e propria[6].

脚注

1) **Non cercate di capire che cosa stesse succedendo** cercare di ＋不定詞「～しようと努める」命令法の否定文。capire che ～ の節の stesse（stare の接続法半過去）には「いったい何が起こっていたのか、理解しようとしたってわかるはずがない」というニュアンスがある。〈stare ＋ ジェルンディオ succedendo〉は進行形「起こっている」。

2) **casino** 大混乱

3) **il duca di Savoia che non si capiva mai da che parte stava, ～ e saccheggiata.** ヨーロッパ規模の30年戦争（1618-1648）の一環であるマントヴァ継承戦争（1628-1631）は、マントヴァ公とモンフェッラート公を兼ねるゴンザーガ家のヴィンチェンツォ２世（1627没）に嫡子がなかったため、サヴォイア公がモンフェッラートの相続権を主張したのをきっかけに勃発。スペインは神聖ローマ帝国（現ドイツ）側

Capitolo Sei

　何が起こっていたのか、理解しようなんて思わないほうがいいよ。今風に言うなら、さしずめ、もう、わけわかんない！って感じかな。スペインとドイツがフランスと対立するなかで、サヴォイア公がいったいどっちの側についているんだか皆目わからなかったっていう、まあそんなところだ。カザーレ・モンフェッラートは包囲され、マントヴァは征服されて略奪の憂き目に遭った。

　ところで、当時、戦争に駆り出されるのは、大半が傭兵だった。給料を払ってくれる雇い主のために戦場に出かけて生計を立てる人たちだ。でも、戦場で好きなだけ略奪をしてかまわないという許可をもらっている場合には、給料が支給されないこともあった。傭兵がいったん町に入ったら最後、だれかれかまわず皆殺しにして、家だろうが教会だろうがどんな建物も一軒残らず荒らしまわって空っぽにしていった。彼らが通ったところは、まるでイナゴの大群が押し寄せたあとみたいだった。味方の領地か敵方の領地かなんてことにはおかまいなしに、ともかくあらゆるものを奪い尽くした。傭兵たちは、たいていいつも酔っぱらっていたし、職業がら凶暴だった。

　戦場と化した村が、財政の破綻、必需品の欠乏、深刻な食糧難に見舞われるのも当然だよ。ならず者の群れが押し寄せているというのに、お偉方は、金があれば軍事費にあてることしか頭にない。農作物は兵隊に踏みにじられて使いものにならないというのに、食糧を調達する金と農作物がじゅうぶん確保できているのかどうか、まともに計算しようとすらしなかったんだもの。

に立って参戦した。Casale Monferrato はピエモンテ地方の、Mantova はロンバルディア地方の町。

4) **che si potevano anche non pagare purché avessero licenza di saccheggio**　関係代名詞 che の先行詞は、その前の che vivevano と同じく uomini で、これが pagare の直接目的語。si は〈受身〉。「pagare されない可能性もあった」。〈purché ＋接続法〉は「〜という条件で」。

5) **passavano tutti a fil di spada**　passare a fil di spada で「剣を突きたてる」。tutti が passare の直接目的語。

6) **È ovvio che un paese 〜 di una carestia vera e propria.**　長いセンテンスだが、【—】に挟まれた attraversato 〜 eserciti は挿入句。È ovvio che 〜 の節の主語 un paese in guerra に対応する動詞は、3行下の non poteva che 〜。non potere che 〜 で、「〜以外のことはできない、〜するしかない」。

La Storia de I Promessi Sposi
raccontata da Umberto Eco

14

Per questo i milanesi erano in rivolta per il prezzo del pane. Del pane anzitutto, perché il companatico i poveri lo mangiavano una volta ogni tanto, ma per il resto[1] il pane era il principale alimento.

E il pane prima non lo si trovava più, poi il governo per calmare il popolo lo aveva messo a un prezzo irrisorio ma così andavano in rovina i fornai, poi ne era stato rialzato il prezzo ma la gente si era inviperita... Insomma a un certo punto la folla non aveva più resistito e si era data al saccheggio dei forni.

Così facendo, di pane e di farina ne avevano sprecato più di quanto potessero mangiarne: gli assaltatori s'impadronivano di sacchi traboccanti di farina che si perdeva per strada, altri scappavano con gerle così piene di pani che ne cadevano un terzo durante il cammino, ed ecco perché Renzo, entrando in città, aveva visto per terra strisce bianche e pagnotte che fiorivano qua e là, come se quello fosse il paese di cuccagna[2].

Poiché aveva fame, non si era negato due bei pani[3]; e poiché era un ragazzo perbene, si era ripromesso di pagarli nel caso ne avesse ritrovato il padrone. E figuriamoci[4], in quel bailamme.

脚注

1) **per il resto** あとは、ほかに言うことがあるとすれば ⇒ ともかく、結論として
2) **ed ecco perché Renzo, ~ fosse il paese di cuccagna.**「まるで桃源郷みたいな光景」については、「第6章前半の登場人物と解説」のマンゾーニからの引用 p.70-71を参照。
3) **non si era negato due bei pani**　negarsi ＝ 自らに拒む、節制する〔再帰動詞〕。bei ＜ bello「すてきな、嬉しい」。due bei pani (bei due pani ではない) という語順から、ここは文字通り2個のパンととれるが、

Capitolo
Sei

　そんな背景があったから、ミラノの人たちがパンの価格のことで暴動を起こしたわけだ。何は措いてもまずはパンだよ。おかずになる食べ物なんて、貧しい人たちはほんのたまにしか口にしなかったからね。ともかく大切な糧といったらパンだったんだ。

　そのパンが、まず姿を消した。そこで民意に取り入ろうと、お上がとんでもない安値をつけたから、パン屋は破産に追い込まれた。そういうわけでふたたび価格がつりあげられたものだから、こんどは民衆が怒りを爆発させ、もはや堪えきれずにパン屋の略奪へと走ったのだ。

　そんな騒ぎのどさくさで、パンも小麦粉も、食べきれないほどの量が無駄になった。小麦粉を目いっぱい詰め込んだ袋を暴徒たちが奪いとると、あふれた小麦粉が路上にばらまかれた。背負いかごにパンをぎゅうぎゅう詰めにして立ち去る者もいたが、歩くうちに3分の1ほどが、かごからポロポロと地面にこぼれ落ちた。そうか、町に入ったレンツォが、地面の白い縞模様と、丸パンがあちこちに花を咲かせた、まるで桃源郷みたいな光景を目にしたのは、このせいだったんだね。

　おなかがすいていたので、レンツォはパンをふたつばかり、ありがたく頂戴することにした。礼儀正しい若者だから、持ち主がわかったら代金を払うつもりだったんだ。こんな大混乱のなかで、そんなことまで考えたなんてね。

　　　　due には「少しの」の意味もある。マンゾーニの原文（第11章）では、「レンツォは拾った2個のパンをひとつずつポケットに入れ、3個目をその場で食べた」。
4) **figuriamoci**　figurarsi「想像する」の命令法1人称複数形。「考えてもみようよ」という読者へのこの種の呼びかけは、このほかにも随所に登場する。ここでは「こんな非常事態のときにパンの持ち主なんてわかるわけないのにね」といった気持ちが込められている。

Poi, non avendo trovato in convento quel padre Bonaventura da cui doveva andare, aveva cominciato[1] a girare per la città, aveva sentito parlare di proteste e d'ingiustizie, si era eccitato in mezzo a quella folla di eccitati. Sentendo che tutti chiedevano giustizia, in riferimento alla questione del pane, lui aveva pensato solo all'ingiustizia subita da don Rodrigo, e aveva iniziato a predicare sul bisogno di punire i birbanti e rispettare i diritti della povera gente. Ma a chi lo ascoltava, pareva qualcuno che aizzasse il popolo contro il governo[2].

O almeno, così era parso a una spia della polizia, che doveva entro sera riuscire a identificare qualche personaggio da incolpare, in mezzo a quella folla di colpevoli, in modo che nei giorni seguenti fosse dovutamente impiccato[3], tanto per dare il buon esempio.

脚注

1) **non avendo trovato in convento quel padre Bonaventura da cui doveva andare, aveva cominciato ~**　avendo trovato はジェルンディオの複合形。主節 aveva cominciato よりも前になされたことを示す。関係代名詞 cui の前の da は〈andare da ＋人〉。紹介状を持って訪ねたボナヴェントゥーラ神父が留守だったので教会のなかで待つことにしたが、町の喧騒に好奇心をかきたてられてレンツォは表に出た。

Capitolo Sei

レンツォは、お目当てのボナヴェントゥーラ神父に修道院で会うことができなかったので、町を歩いてみることにした。抗議の声、不正をなじる声が聞こえてくる。激昂する群衆に囲まれているうちに、彼も気持ちがたかぶってきた。みんながパンをめぐる公正を求めている。不正といえばレンツォの胸中にあるのはただひとつ、ドン・ロドリーゴから被ったひどい仕打ちだ。そこで彼も演説をぶち始めた。ならず者を罰し、弱い立場の者の権利が守られるべきである、と。しかし、耳を傾ける者のなかには、こうした男こそ為政者への反逆の扇動者であると見なそうとする輩がいた。

　少なくとも、警察が送りこんだひとりのスパイはそう見なした。スパイの男は、その夜のうちに、罪を着せられそうなやつをだれでもいいからひとり、暴動にかかわった群衆のなかから引ったてて来るという任務を負っていたのだ。あまり日が経たないうちに、しかるべく縛り首にするためだ。もっとも、それだって、ただの見せしめなんだけれどね。

---

2) **a chi lo ascoltava, pareva qualcuno che aizzasse il popolo contro il governo** 〈parere a 〜〉の前置詞 a が冒頭の関係代名詞 chi の前にある。「彼（Renzo）の話にじっと耳を傾けていた人には、彼が〜のような何者かに見えた」。関係代名詞節 qualcuno che 〜 の動詞 aizzasse は aizzare「扇動する」の接続法。

3) **in modo che 〜 fosse dovutamente impiccato**　in modo che ＋ 接続法「〜となるように」。dovutamente は「しかるべく」。impiccare は「絞首刑にする」。

La Storia di I Promessi Sposi
raccontata da Umberto Eco

15

La pena di morte è così, non si ammazza per punire chi ha fatto del male, ma per mettere sull'allarme chi volesse farne[1] in futuro. E quindi non importa troppo che chi viene messo a morte sia veramente colpevole, o il più colpevole di tutti. E se non vi piace questo modo di fare giustizia, sappiate[2] che in molti paesi, si fa così ancora oggi.

Ed ecco che Renzo appariva come l'imbecille giusto, anche perché quando la spia lo aveva seguito in una osteria il nostro ragazzo si era messo a bere più di quanto le sue abitudini gli consentissero[3], in poche parole si era ubriacato e, come accade agli ubriachi, s'incaponiva nelle sue proteste, continuava a sollecitare una giusta punizione di tutti i malvagi, si lasciava scappare il suo nome... Insomma, la spia era andata a fare il suo rapporto e la mattina dopo un paio di gendarmi e un commissario erano venuti ad arrestarlo.

Però, la città era ancora in agitazione, pattuglie di rivoltosi[4] si aggiravano qua e là, i gendarmi avevano più paura loro di quanta potesse averne l'uomo che[5] stavano arrestando, e Renzo, che ormai si era liberato dai fumi del vino, aveva capito la situazione e si era messo a gridare: "Amici, mi portano in prigione perché ieri ho chiesto come voi pane e giustizia!"

脚注

1) **chi volesse farne** 関係代名詞 chi の節の動詞は接続法 volesse で、ne = del male (悪事) を今後しそうな人 (不特定)。これが mettere sull'allarme の直接目的語になっている。
2) **se non vi piace questo modo ~, sappiate ~** こんな方法がきみたちの気に入らないとしても、~だということを知っておいてほしい。sappiate は sapere の命令法 2 人称複数形。
3) **si era messo a bere più di quanto le sue abitudini gli consentissero** 「習慣が彼に許す以上の量を呑み始めた」〈più di quanto【関係代名詞】＋接続法〉「~するより以上に」。
4) **pattuglie di rivoltosi** 反逆者たちがパトロールしている、という逆説的表現。暴徒たちの力が官憲を上回っ

Capitolo
Sei

　死刑なんてそんなものだよ。悪事を働いた者を罰するためではなく、同じようなことを企む者への警告として、だれかが殺される。だから、死刑に処せられる人が、本当に罪を犯したか、あるいはいちばん罪が重いか、なんてことは、どうでもいいんだ。それはないよ、そんなふうにして裁きがなされるなんてとんでもないって、だれだって思うよね。でも、今だってたくさんの国で、同じことが行われているのだよ。

　そして、目の前にいるレンツォときたら、逮捕におあつらえ向きのマヌケに見える。おまけに、スパイに宿まで送ってもらった我らが若者は、度を越して酒をくらいはじめ、早い話が酔っぱらってしまったんだから、もうどうしようもないね。しかも、酔っぱらいの常で胸にたまっていた不満にしつこくこだわって、ならず者どもにはひとり残らず一刻も早く正当な罰を下すべきだとくどくど繰り返したあげくの果てに、名前まで明かしてしまったのだ……。スパイはさっそく報告しに行った。翌朝には憲兵ふたりと役人がひとり、彼を逮捕しに宿までやってきた。

　しかし町はまだ不穏な空気に包まれて、反逆者どもがあちこち歩きまわって様子をうかがっていた。連行されるほうも怖かったにちがいないけれど、彼を逮捕に来た憲兵どものほうが、はるかにびくびくしていた。鯨飲した昨夜の酒もすっかり醒めたレンツォは、状況を察知して声を張りあげた。「皆さん、僕は牢屋に連れて行かれるんです。きのう皆さんと一緒にパンと王義を求めたからです！」

　　ていることを暗示している。
5) i gendarmi avevano <u>più</u> paura loro <u>di quanta potesse</u> averne l'uomo che ～　注3と同じく〈più ～ di quanto ＋接続法〉の比較の構文。先行詞を含む関係代名詞が quanta と女性形になっているのは、女性名詞 paura を受けているため。ne = di paura。potesse は「かもしれない」〈可能性〉。avevano più paura の主語 loro と potesse averne の主語 l'uomo をそれぞれ動詞よりも後に置いて、双方の対比を強調している。

La Storia de I Promessi Sposi
raccontata da Umberto Eco

La folla si era commossa, si era stretta intorno ai gendarmi, i quali sbiancavano ormai di paura e avrebbero soltanto voluto non trovarsi lì. E infatti erano riusciti a svicolare, lasciando Renzo libero di scappare con le ali ai piedi.

Renzo riesce a uscire dalla città e il suo unico pensiero è raggiungere il fiume Adda, oltre il quale finisce il ducato di Milano e inizia la repubblica di Venezia. Ha paura a chiedere la strada e, fermandosi in una osteria, ode un mercante che viene da Milano il quale racconta che tutti sono a caccia di[1] un terribile birbante forestiero che predicava di ammazzare tutti i signori ("E come farebbe a vivere la povera gente se tutti i signori fossero ammazzati?" si lamentava il mercante, il quale, col mestiere che faceva, si trovava più a suo agio coi ricchi che coi poveri). Inoltre, a quel forestiero, i gendarmi avevano trovato in tasca un fascio di lettere (ed era la sola lettera che padre Cristoforo gli aveva dato per padre Bonaventura!)[2], prova che era stato inviato da chissà chi per far scoppiare tumulti, eccetera eccetera.

Renzo, terrorizzato, ormai bandito da Milano, col rischio di essere impiccato se ve lo ritrovano, dopo molte traversie arriva finalmente nel Bergamasco[3]. Qui il cugino Bortolo gli trova un buon lavoro, e lì lo lasciamo, per tornare a seguire la sventurata Lucia.

脚注

1) essere a caccia di 〜　〜を捜索（追跡）している。
2) ("E come farebbe a 〜 gli aveva dato per padre Bonaventura!)　（　）のなかは自分についての風評に聞き耳を立てたレンツォの胸のうち。（　）のない Inoltre, a quel forestiero, 〜 un fascio di lettere と prova che era 〜 tumulti, eccetera eccetera. の部分は、導入の動詞 "raccontare che" を省いた〈中

Capitolo Sei

　群衆は心を動かされ、憲兵どものまわりに詰め寄った。憲兵は恐怖のあまり顔色はもはや真っ青、ただひたすら、すぐにもその場から姿を消したい一心だったろうね。事実、ふたりとも人垣をうまくかきわけて姿をくらましましたから、レンツォは晴れて自由の身となった。足に羽がはえたみたいにさっさとそこから逃げ出したってわけだ。

　首尾よく町から出ることができたレンツォは、ひたすら、アッダ川にたどり着くことを目指した。川を越えればそこはもうミラノ公国ではなく、ヴェネツィア共和国だ。やたらと道を尋ねるのはやばい。居酒屋を兼ねたとある宿屋に立ち寄ると、ミラノから来た商人の話し声が耳に入ってきた。よそから来たとんでもないならず者が、金持ちを皆殺しにしてしまえと演説をぶった、そいつの行方をみんなが捜している、と話しているではないか（商人のやつ、「金持ちがみんな殺されたら、貧乏人はどうやって食っていくんだ？」なんてぶつぶつ言ってやがった。仕事が仕事だから、貧乏人よりも金持ちの味方をするほうがラクなんだろうな）。おまけに、そのよそ者がポケットに手紙の束を入れているのを憲兵が見つけた（ポケットに入れていたのは、クリストーフォロ神父が書いてくれたボナヴェントゥーラ神父宛ての手紙一通だけだぞ！）。いったいだれに送りこまれてきたのやら、暴動を起こそうとしている証拠だ、云々かんぬん。

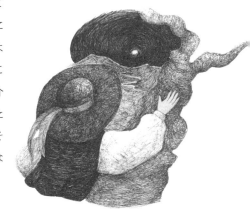

　レンツォは恐怖に慄いた。お尋ね者としてミラノを追われた以上、見つかったら縛り首にもなりかねない。幾多の困難を乗りこえて、ようやくベルガモの近くまでたどり着くと、そこでは、従兄弟のボルトロが好い仕事口を紹介してくれた。さて、彼の話はひとまずこのあたりにしておこう。運に見放されたルチーアはその後どうしているだろう。そちらに話を戻さなくてはいけないからね。

間話法〕。
3) **Bergamasco**　大文字で「ベルガモ周辺の土地」という名詞。現在のベルガモはロンバルディア州の都市だが、この時代はヴェネツィア共和国領の町だった。

第7章前半の登場人物と解説

　エーコが語る『いいなづけ』の物語、第7章を前半と後半にわけて解説します。マンゾーニの原作では、前半は第20〜21章に相当します。

ルチーアを監視する老女
（1840年版、第21章より）

　ここに登場するのは、すでにお馴染みのルチーアと、第5章で紹介した極悪人インノミナート。マンゾーニの原作にはこのほか、誘拐されたルチーアの監視役として、老婆（vecchia）がひとり、新たに登場しています。先代の守衛の娘としてこの城で生まれ、ずっと城のなかで主君に服従してきた女性です。

　ところで、エーコが第6章として挿入したミラノのレンツォのエピソードは、マンゾーニの原作では第12〜17章で語られています。つまりマンゾーニは、まずレンツォのことをまとめて先に語り、しかる後、第18章でジェルトルーデに引きとられたルチーアのことを、第19章で、ルチーアをモノにするという「賭け」に破れて面目丸つぶれになるのを避けるため画策を練るドン・ロドリーゴの様子を語ります。彼の誘拐計画との絡みでインノミナートが初めて紹介されるのは第19章。第20〜23章の主役がインノミナートとなります。

　ルチーアの誘拐を請け負った頃から、インノミナートの心にはすでに若干の変化が生じていました（第5章の登場人物と解説 p.63）。

　実際にルチーアと対面するに及んで、彼の心変わりはさらなる進展をみせます。

己の心の変化に戸惑うインノミナート
（1840年版、第21章より）

そんなきっかけを作ったルチーアの力とは、いったい何だったのでしょう。人知を超えた不思議な「聖女」性、インノミナートの言葉を借りれば「どこかの悪魔、もしくは……彼女を保護するどこかの天使 un qualche demonio, o...un qualche angelo che la protegge」(Manzoni: I promessi sposi, Oscar Classici Mondadori 1995, cap.21 p.397)が宿っていた、としか言いようのない彼女の底力については、エーコも分析を試みています。

第7章 解説（1）

　手下ニッビオが誘拐してくるルチーアを待つインノミナートは、なぜか気持ちが落ち着かず、戸惑いを隠すことができません。面倒なことを引き受けてしまった、娘をそのままドン・ロドリーゴのもとへ送り届けてしまいたい、しかし「それはよせ！」と強く命ずる声が心のなかに響きます（同上 p.390）。
　その夜、ルチーアの嘆願に接したインノミナートの様子が普段と違うことには、彼女の見張りを任された老婆も気がつきます。

　「お慈悲を、もしもあなた様からいただけないのなら、代わりに神さまがくださって、私を死なせてくださることでしょう。そうすれば、何もかも終わります。でもあなた様は！……おそらくあなた様だっていつの日にかは……いえいえ、そんなことは。あなた様をいかなる悪からもお守りくださるよう、私が神さまに、これからずぅっとお祈りします。なぜ、お慈悲のひと言をおっしゃっていただけないのですか。もしもあなた様が私の立場におられるとしたら……」
　「まあ、元気を出しなさいな」とインノミナートが言葉をはさんだが、その優しい響きは老婆を唖然とさせた。〔略〕
　「明日の朝、また会おう。さあ、いいから元気を出して、休みなさい。腹もすいているだろう。今、食事を持ってこさせよう。〔略〕食事は女に運ばせるから」そう言ったあと、インノミナートは、小娘を安心させる最後のひと言がとっさに口をついて出たことに、我ながら驚いた。（同上 p.399-400）

インノミナートに嘆願するルチーア
（1840年版、第21章より）

　とりあえずルチーアは手荒な扱いは受けてはいません。しかし、この先どうなるのか、絶望の底に沈んだ彼女は、その夜のうちに、これから一生涯、身を捧げるのは聖母マリア様のみ、との誓いをたててしまうのです。これでは、この先、仮にレンツォに再会することができたとしても、彼との結婚はもはやできません。聖母への祈りはそれほど重い意味のある「誓い」だったのです。ほかの誰も聴いていない祈りのなかで言っただけでしょ？ などという信仰心のかけらもないような発想は通用しません。ルチーアの人となり、そしてインノミナートの心の動きにスポットが当てられます。

87

第7章後半の登場人物と解説

続いて、エーコが語る『いいなづけ』の物語、第7章の後半です。
新たに登場するのは、次の人物です。

● Il cardinale Federigo Borromeo ………… フェデリーゴ・ボッロメーオ枢機卿

フェデリーゴ・ボッロメーオ
枢機卿
（1840年版、第22章より）

　この時代のミラノに実在した枢機卿で、マンゾーニが『いいなづけ』ですぐれた人格と豊かな学識を称揚した聖職者、としても知られています。極悪人インノミナートの改心を決定的なものとし、その結果ルチーアを窮地から救ったのですから、まさに「奇跡の人」と言うべきでしょう。
　今回のハイライトはまず、この有徳の聖職者と「元」極悪人インノミナートの劇的な対面です。たまたまその地を訪問中のフェデリーゴ枢機卿に会いに行こうと決意するや、顔が知れわたっているというのにお伴もつけず、銃や剣を身につけたままのインノミナートが、思い詰めた形相で公道を闊歩して民衆の度肝を抜くさまは、悪の権化として恐れられた人物像とはかけ離れており、思わず笑いがもれるほどです（マンゾーニ原作 第22章）。
　そして久々に、あのアッボンディオ司祭が登場します。ほかの教区司祭たちとともに、地元を訪れたフェデリーゴ枢機卿の表敬訪問に来ていたのです。そして、なんとこの臆病司祭が、ルチーア解放のためインノミナートに同行するという役目を担うことになります。そんなおっかない任務はまっぴらご免！ 悪名高いインノミナートと行動をともにするなんて、想像しただけで腰が抜けそうです。なんとか逃げ口上を見つけようと必死になりますが……ルチーアを一刻も早く解放してやりたい一心でそわそわするインノミナートの心

枢機卿の前で改悛するインノミナート
（1840年版、第23章より）

のうちにアッボンディオの理解が及ぶはずもありません。ただただ、びくびくするばかりの小心者アッボンディオの不安と恐怖が、マンゾーニの原作では次のように語られています。

ルチーア救出に向かうインノミナートとアッボンディオ司祭
（1840年版、第23章より）

　アッボンディオは彼（インノミナート）をちらりと盗み見た。お愛想でも言ってちょっとは打ち解けてみたいところだ。「しかし、何を言ったらいいんだ？　もう一度、〈喜ばしいことでございます〉とでも言ってみるか？　しかし、何が喜ばしいんだ？　これまで悪魔でいらしたあんたさんが、ようやくほかの御仁みたいに紳士になろうと決心されたのが喜ばしいってか？　歯の浮くようなお世辞だぜ！〔略〕ともかくこのおれがこいつと一緒に行くハメになっちまった。あの城にだぜ！　なんてこった！　いったいなんだってこんなことに！　おい！　今朝おれにあんなことを言ったのはどこのどいつだ！　もしもおれが無事に戻って来たら、ペルペトゥアめ、小言をたっぷり聞いてもらうぞ。こんなところにおれを無理やり来させたのはあの女だ。自分の教区じゃないんだから来ることなんかなかったんだ。それなのに、ほかの教区司祭は皆行く、もっと遠くからだって来る。ひとり遅れをとったらよくない、とか、ああだとかこうだとか言いやがって。それでおれをこんな目に遭わせやがった！　ああ、おれはなんて惨めなんだ！」。

(Manzoni: I promessi sposi, Oscar Classici Mondadori 1995, cap.23 p.439)

　絶体絶命の窮地に立たされたと思いこんでいるアッボンディオ司祭は、恨みを、今度は自分より弱い立場の家政婦ペルペトゥアにぶつけています。保身しか眼中にない、権力に弱い小心者ぶりを絵に描いたような人物像が、この、直接話法による心情吐露から鮮やかに浮かびあがってきます。
　後に、ルチーア誘拐事件の元凶がほかならぬアッボンディオ司祭であることを知ったフェデリーゴ枢機卿がアッボンディオを厳しく叱責する場面を、エーコはひと足先にこの章で紹介しています。アッボンディオの胸のうちを同じく直接話法で描写したもので、これが、今回のもうひとつのハイライトと言えるでしょう。ルチーアのその後については、第8章のお楽しみ。

La Storia de I Promessi Sposi
raccontata da Umberto Eco

Capitolo
Sette

Qui anzi dobbiamo seguire quello che accade nella stessa sera e nella stessa notte sia a Lucia che all'Innominato[1] – perché vi sarete ormai accorti[2] che il signor Alessandro racconta le sue storie come se fossero un film, seguendo più personaggi nello stesso tempo, mostrandocene uno[3] e poi tornando indietro per farci vedere cosa faceva intanto l'altro.

Lucia viene condotta[4] su per la salita che mena al nido d'aquila e sempre più terrorizzata implora i rapitori di lasciarla, tanto che il Nibbio, che pure aveva abbastanza pelo sullo stomaco[5], ed era abituato a farne di cotte e di crude[6], quasi s'impietosisce.

L'Innominato vede da una finestra del castello salire la carrozza con la sua preda e sente un certo non so che[7], come se quello che sta facendo gli paresse male. Possibile, un tipo come lui?

脚 注

1) **sia a Lucia che all'Innominato**　sia A che B「AもBも」。それぞれが前置詞 a を伴って「ルチーアにもインノミナートにも」。

2) **vi sarete ~ accorti**　accorgersi の直説法先立未来。〈過去の不確かなこと〉を表す。「君たちはきっと気がついただろう」。ormai は「もはや、すでに」。

3) **mostrandocene uno**　ジェルンディオ mostrando + ce ne（代名詞の結合形）。ci = 私たちに、ne = dei personaggi「登場人物のひとり uno を示しながら」。

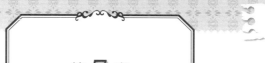

第 7 章

　さて、同じ日の夕方から夜にかけて、ルチーアの身にもインノミナートの身にも何かが起こった。それをここでは見ておかなくちゃならない。みんな、もう気がついているだろうけれど、アレッサンドロさんは物語を、まるで映画みたいに語るからね。複数の登場人物を同時に追いかけて、まずひとりのことを語り、あとからまた時間を遡って、そのあいだにもうひとりが何をしていたかを私たち読者に示しながら物語を紡いでいくんだ。

　ルチーアは上り坂を、鷲の巣城へと連れ去られていった。いや増す恐怖に慄きながら、逃がしてほしいと誘拐犯たちにあまりに必死になって懇願するものだから、どんな悪事もへっちゃらでやってのけ、何事にも心を動かされることのないニッビオにすら、つい、かわいそうと思えてしまったほどだった。

　インノミナートは、獲物を乗せた馬車が上ってくるのを城の窓ごしに眺めているうちに、なんといおうか、自分のやっているのがなんだか悪いことみたいな、妙な気分にとらわれた。インノミナートのような男がだよ、そんなことってありうるかな？

4）**viene condotta**　〈venire ＋ 過去分詞〉の受動態　condotto < condurre 連れていく
5）**avere abbastanza pelo sullo stomaco**　胃袋が毛むくじゃらだ → 何事があっても動じない。
6）**farne di cotte e di crude**　あらゆる悪事を働く
7）**un certo non so che**　何かいわく言い難いもの。non so che 全体でひとつの名詞。certo は「とある〜」といったニュアンスで、特定できない名詞を修飾する形容詞。〈un certo ＋ 名詞〉の形で用いる。

La Storia de **I Promessi Sposi**
raccontata da **Umberto Eco**

    Fatto sta che va a vedere Lucia, la quale gli si getta ai piedi e lo implora di liberarla, dicendogli una frase che lui non aveva mai sentito in vita sua: "Dio perdona tante cose per un'opera di misericordia![1]"

    L'Innominato si ritira, promettendole di non farle del male e rimandando ogni discorso alla mattina dopo. Lucia passa una notte di terrore e di angoscia e, non sapendo a chi rivolgersi[2], fa un voto alla Madonna:[3] se la libera da quella tortura non si sposerà più e dedicherà la sua vita al servizio della Vergine Maria.

    Ma una notte più tremenda ancora passa l'Innominato, che è rimasto turbato alla vista di Lucia[4]. Quella ragazza, che talora ci è parsa un'acqua cheta, una santarellina, una contadinotta tutta casa e chiesa, magari belloccia[5] ma certo un po' imbranata, doveva invece possedere un grande fascino, fatto d'innocenza, dolcezza e soavità (e forse vera bellezza), per ispirare sentimenti nobili a un animo così corrotto. Fatto sta che quell'uomo dal cuore di pietra incomincia a provare pietà e rimorso.

脚注

1) **per un'opera di misericordia**　ひとつの慈善（ここでは「インノミナートが彼女を解放すること」）を施せば、その対価として神はたくさんのこと（これまでのすべての悪事）を許す。

2) **non sapendo a chi rivolgersi**　a chi rivolgersi は〈疑問詞＋不定詞〉の語法。rivolgersi の前に possa あるいは deva (debba) を補って意味をとる。「だれに〜できるか／すべきか」。rivolgersi a 〜 で「〜に頼る、おうかがいをたてる」。

3) **fa un voto alla Madonna:**　エーコは【：】のあと、ルチーアの誓いの言葉を間接話法（3人称）で示している。マンゾーニの原文では、《o Vergine santissima! Voi... 聖なるマリア様》と voi（2人称単数）への呼びかけで始まる直接話法。

4) **che è rimasto turbato alla vista di Lucia**　実は、ルチーアに会う少し前から、インノミナートは自分の悪行に不快感と疑念を抱くようになっていた（「第5章の登場人物と解説」p.63 参照）。そこにルチーアが

Capitolo
Sette

　インノミナートが会いに行くと、ルチーアは彼の足もとに身を投げ出して、どうか逃がしてくださいと頼みこんだ。そのとき彼女が、インノミナートがそれまでの生涯で一度も聞いたことのない言葉を口にしたのだ。「お慈悲をたったひとつくだされば、神さまはたくさんのことを許してくださるのです！」

　インノミナートは、あなたに危害は加えない、ともかく話は明日の朝にしようと言って、部屋をあとにした。ルチーアは恐怖と苦悩の一夜を過ごす。いったいだれを頼ったらよいのか。途方に暮れて、彼女は聖母マリアに誓いを立てた。この苦しみから救ってくださるのなら、私はこの先、決して結婚はいたしません。聖母マリアさまに生涯を捧げます、と。

　しかし、彼女よりもはるかにつらい夜を過ごしたのは、インノミナートのほうだった。ルチーアに会ったばかりに、心がかき乱されてしまったのだ。ルチーアってどんな女の子なんだろうね。おとなしそうだけれど芯の強い女性のようでもあり、ときには聖女のようでもあった。あるいは教会と家のなかのことしか知らない田舎娘。美人だけれどやっぱりちょっと垢ぬけない、そんな印象かな。でも実は、無邪気さと優しさと甘美さ（それこそおそらく本物の美しさ）からなる、底知れぬ魅力を湛えた娘だったにちがいないよ。だって、あそこまで堕落した心に、気高い感情を吹き込んだんだもの。じっさい、石みたいに冷酷なあの男が、憐れみと良心の呵責を感じるようになったんだからね。

決定打を与える。

5) **talora ci è parsa un'acqua cheta, una santarellina, una contadinotta tutta casa e chiesa, magari belloccia**　talora「時折」。ci è parsa は「我々には〜と見えた」parere の近過去。我々とはルチーアを追ってきた筆者エーコを含む「マンゾーニの読者」を指す。その後に列挙される3つの名詞すべてについた不定冠詞が連動して、「あるときは〜に、またあるときは〜に見える」。不定冠詞の後の名詞はそれぞれ、acqua cheta ＝ おだやかな水面 ⇒ 外見は静かだが油断できないもの、santarellina ＝ santa 聖者 ＋ -ellino〔小ささ〕、contadinotta ＝ contadina 農婦 ＋ -otto〔小ささ、ときに軽蔑も〕、tutta casa e chiesa が、形容詞的に una contadinotta を修飾している。belloccia ＝ bella 美人 ＋ -occio〔かわいらしさ、ときに軽蔑も〕。これらの接尾辞は、エーコのルチーア観を理解するのに役立ちそうだ。

La Storia de I Promessi Sposi
raccontata da Umberto Eco

17

Se questo ci pare inverosimile[1] bisogna pensare a[2] una cosa, che il signor Alessandro ci vuole suggerire contando la sua storia. Certamente la gente diventa vile o cattiva a causa delle circostanze e del modo in cui va il mondo: don Abbondio si fa prete[3] senza vocazione perché ai poveretti non sono date molte alternative per uscire dalla loro situazione; Gertrude diventa malvagia perché le leggi di successione erano quelle che erano, e i suoi parenti erano "figli del loro tempo"; don Rodrigo era un impunito perché una società basata sui privilegi lo aveva reso tale; e forse i bravi erano diventati briganti anche perché spinti dalla miseria. Eppure la gente non è solo formata dalle circostanze esterne: ha una coscienza morale, è responsabile dei propri atti, sente i richiami della coscienza e, se avessero avuto la forza di ascoltare la loro coscienza, don Abbondio non si sarebbe comportato da vigliacco, Gertrude da criminale e don Rodrigo da prevaricatore[4]. E la prova è che l'Innominato sa dare ascolto alla voce della coscienza.

脚注

1) **inverosimile** 嘘のような、本当らしくない。verosimile = vero 本当の + simile 似た、それらしい → 「本当らしい、ありそうな」に否定の接頭辞 in- がついた形容詞。
2) **pensare a〜** 〜に考えをおよぼす、〜のことに配慮する。〈参考〉pensare di〜 〜について…だと思う、判断する。

そんなのありえない、嘘っぽい。そう思えたら、アレッサンドロさんがこの物語で私たちに示唆しようとしていることについて、考えてみよう。たしかに人間は、環境や世の中の状況しだいで、卑怯にもなるし悪者にもなる。アッボンディオ司祭が天性もないのに聖職者になったのは、貧困から抜け出したくても、貧者たちにはほかの選択肢がなかったからだ。ジェルトルーデが悪女になったのはその時代の相続法のせいであり、彼女の親族が「その時代の申し子」だったためだ。ドン・ロドリーゴがとんでもないごろつきになり果てたのは、特権がまかりとおる社会が彼をそのように仕立てたからだ。用心棒(ブラーヴィ)どもが盗賊と化したのには、おそらく貧困も原因していただろう。とはいうものの、人間はこうした外的な環境によってのみ形成されるわけではない。良心というものを備えているのだもの。良心があるから行動の責任は自分でとるし、良心の呼び声を聞きとる。もしも良心の声に耳を傾ける力があったなら、アッボンディオ司祭の卑怯な振る舞いも、ジェルトルーデの犯罪行為も、ドン・ロドリーゴの権力濫用もなかったはずだ。その証拠に、インノミナートは、良心の声に耳を傾けることができる人だったのだ。

---

3) **si fa prete**　farsi〔再帰動詞〕＋職業名　～になる。
4) **prevaricatore**　権力を濫用する人。prevaricare 権力を濫用する、越権行為をする＋ -tore「人」を表す接尾辞。

Di colpo, capisce come la sua vita di delitti sia stata inutile e senza senso[1]. Poi, si accorge che, nella valle, tutti si recano festanti in un paese vicino dove è in visita l'arcivescovo di Milano, il cardinale Federigo Borromeo[2], che tutti dicono verrà fatto santo. "Cos'ha quell'uomo per render tanta gente allegra?" si chiede l'Innominato e, spinto da un impulso che neanche lui si spiega bene, decide di andare a trovarlo.

Sì, questa conversione pare anche a me un poco subitanea[3], ma il signor Alessandro aveva fede nei miracoli, e se non crediamo ai miracoli dobbiamo pensare che questo cambiamento maturasse già da gran tempo nel cuore dell'Innominato[4], solo che lui non se n'era ancora reso conto[5].

In breve, il brigante va dritto filato dal Cardinale[6] e, come entra nel palazzo, con lo spadone, il pugnale e le pistole alla cintola, la carabina ad armacollo, tutti i parroci che erano là per rendere omaggio al loro arcivescovo, si fanno il segno della croce tremando verga a verga[7]. Ma il Cardinale, saputo che quello chiede di lui[8], dice subito che lo si faccia entrare[9], e lo accoglie con grande allegria e affetto, come se sapesse già (e forse quel diavolo d'un santo[10] già sapeva) che stava venendo per confessare i suoi peccati, e per dichiarare che d'ora in avanti intendeva dedicarsi a riparare tutto il male che aveva fatto.

脚 注

1) capisce <u>come</u> la sua vita di delitti <u>sia stata</u> inutile e senza senso　capire come〔疑問詞〕＋接続法
2) Federigo Borromeo　フェデリーゴ・ボッロメーオ（1564-1631）ミラノの聖職者。1595年から大司教。Ambrosiana 図書館の設立者。美術蒐集家としても知られる。彼の住居は遺志により絵画館となった。
3) subitaneo　唐突な
4) <u>dobbiamo</u> pensare che questo cambiamento <u>maturasse</u> già da gran tempo nel cuore dell'Innominato　主節は直説法現在、che の節の接続法は半過去「～だったと今考える」。内容については p.92 脚注 4 参照。
5) non se n'era ancora reso conto　rendersi conto di ～　～に気づく

Capitolo Sette

　インノミナートは、はたと、自分の犯罪人生がどれだけ無意味で虚しいものだったかを悟る。ふと気がつくと、谷あいでは、人びとがこぞって浮き浮きしながら近くのとある村へと向かっている。聖者に列せられるだろうとの誉れ高いミラノの大司教、フェデリーゴ・ボッロメーオ枢機卿がお見えになっているのだ。「その人物のいったい何が、これだけの人たちをここまで朗らかにさせるのだろう？」インノミナートは、自分でもよく理解できない何かに衝き動かされてその人物に会いに行く決意をする。

　こんなふうにとつぜん心変わりするなんて、そう、私だって、いくらなんでもちょっと、ありえないだろうって気がするよ。でも、アレッサンドロさんは奇跡を信じていたからね。私たちは奇跡なんて信じない。だったら、こうした変化がインノミナートの心のなかで、もうかなり前からじわじわと熟成していたのだと、そう考えてみよう。ただ、本人はまだそれに気づいていなかったっていうことだ。

　早い話が、悪党はまっすぐ枢機卿のもとへと駆けつけた。剣と短刀と拳銃を腰にぶらさげ、カービン銃を肩にかけたまま建物に入ってきたものだから、大司教さまへの表敬に参集していた教区司祭たちは小枝のようにぶるぶる震えて十字を切った。しかし枢機卿は、その男が自分を訪ねてやってきたと知らされるや、通すようにと即答し、にこやかにあたたかく大歓迎した。この男が罪を告白し、今後はこれまでの悪事の償いに専念すると宣言しに来たということが、まるで、もうとっくにわかっているみたいだった（おそらくこの人並みはずれた聖者には、実際、すでに察しがついていたのだろうね）。

---

6) **In breve, il brigante va dritto filato dal Cardinale**　in breve 要するに、andare dritto filato da 〜 〜のもとへ急いで駆けつける。
7) **tremando verga a verga**　ぶるぶる震えながら、verga は「細長い棒」のこと。
8) **chiedere di 〜**（人）「人」の所在・消息を尋ねる。
9) **che lo si faccia entrare**　si は非人称。「だれでもいいからそこにいる人が」彼を入れるように。lo si の語順に注意。〈参考〉Lo si loda.「人は彼を誉める」
10) **quel diavolo d'un santo**　「悪魔のような聖者」〔２つの反意語による撞着語法〕

La Storia de I Promessi Sposi
raccontata da Umberto Eco

 18

E così è: l'Innominato è illuminato (scusate il gioco di parole)[1] dalla grazia, e per prima cosa spiega al Cardinale che ha fatto quella brutta azione nei confronti di Lucia. Quindi, d'accordo col Cardinale, torna per andarla a liberare[2], e il Cardinale ripesca tra i parroci, che stanno attendendo nelle stanze accanto, don Abbondio, perché la ragazza veda almeno una faccia amica[3]. Così almeno pensa il Cardinale, che non sa ancora quale sia stata la parte di don Abbondio in tutta la faccenda. Quando più tardi apprenderà da Lucia e da sua madre come il parroco si era comportato, gli darà una lavata di capo di quelle che uno vorrebbe scomparire[4]: " E come," gli dirà, "non sapevate che un parroco deve sapersi sacrificare per il bene dei suoi parrocchiani? Non avete pensato di venire ad avvertirmi delle minacce ricevute[5]? Non vi hanno mai insegnato che la veste che portate richiede dedizione, sacrificio, coraggio?"

脚注

1) **l'Innominato è illuminato**　Inno/illu ＋ minato の言葉遊び。
2) **torna per andarla a liberare ＝**　〜 andare a liberarla　目的語代名詞 la は不定詞 andare, liberare のいずれにつけることも可能。「娘を解放するために帰宅する」、つまり、ドン・ロドリーゴとの約束（第5章 p.66-67）は反故にすることになる。
3) **perché la ragazza veda almeno una faccia amica**　perché ＋接続法「娘がせめてひとりは知っている顔に出会えるように」〔目的〕
4) **gli darà una lavata di capo di quelle che uno vorrebbe scomparire**　dare una lavata di capo で「叱責する」。di quelle che 〜 の quelle は lavate。uno「人〔非人称的〕が」scomparire したく

Capitolo Sette

　こうして、名無しの暗がり〔インノミナート〕が、神の恩寵に照らされた〔イッルミナート〕（おやじギャグだね、ごめん）。そこで真っ先に、ルチーアに対してとんでもない悪事を働いてしまったことを打ち明け、居館に戻って彼女を解放する、ということで枢機卿との合意にいたる。枢機卿は隣の部屋に集まっていた司祭たちのなかから、ルチーアの教区司祭であるアッボンディオを呼び出した。彼が同行すれば、せめてひとりは見知った顔に出会うことができて、娘もほっとするだろうと考えたからだ。こんなとんでもない事態を招くにあたって、アッボンディオがどんな役回りだったか、それを、この時点では枢機卿はまだ知らないからね。後になって、ルチーアと彼女の母親から、この教区司祭が何をやらかしたかを聞くにおよんで、枢機卿は、だれだっていたたまれなくなるくらいの厳しさで、アッボンディオに雷を落とすことになる。「いったいどういうことですか。教区司祭たるもの、教区の信者のために自らの身を犠牲にすべき立場にあるということをご存じなかったとでも言うおつもりか？ 脅迫されたのなら、どうしてそれをこの私に知らせに来なかったのです？ あなたが身につけている僧服が、献身と犠牲と勇気を求めているということを、だれからも教わらなかったのですか」。

なるくらい厳しい叱責のひとつ。gli darà 〜「彼を叱責するだろう」と未来形になっているのは、枢機卿が彼を叱りつけるのが今この場においてではなく、後に、解放されたルチーアを引きとると申し出るブラッセーデ夫人（第 8 章に登場）の手紙を、ルチーアと母アニェーゼが枢機卿に届けに行くときのことであるため（マンゾーニ原作 第 25 章）。枢機卿はアッボンディオに、人称代名詞 voi（Lei と tu の中間的ニュアンスの 2 人称単数）で話している（マンゾーニの原作も同様）。

5) **di venire ad avvertirmi delle minacce ricevute**　物語の冒頭でインノミナートの手下から脅しを受けたアッボンディオに、家政婦ペルペトゥアは、すぐに大司教に報告に行くよう勧めていた（第 1 章後半 p.25 脚注 4 参照）。

La Storia de I Promessi Sposi
raccontata da Umberto Eco

 Figuriamoci. Don Abbondio mormorava tra sé e sé: "Eh già[1], per i santi tutto è facile, tanto non è lui che poi i bravi gli fanno un buco nella pancia, se questo sant'uomo si mettesse un poco nei miei panni... le ho viste io quelle brutte facce, non lui... ed ecco che a quel satanasso butta le braccia al collo[2], e con me fa tanto chiasso per una mezza bugia detta per salvare la pelle[3]...". Naturalmente non diceva così, anzi, si scusava, diceva che forse aveva sbagliato, chinava il capo - uno che ha paura di tutto avrà ben paura anche di un Cardinale. Ma quando poi era tornato a casa, aveva vissuto per mesi temendo che quegli sposi promessi tornassero a chiedergli di sposarli, mentre don Rodrigo era ancora lì nel suo palazzaccio, pronto a rimandargli i bravi. Insomma cacasotto era, e cacasotto rimaneva[4].

 Quindi immaginiamoci quella mattina, quando il Cardinale lo manda in missione in quel castellaccio maledetto e in compagnia di un tagliagola[5], della cui conversione non si fida affatto. Sale la montagna con la tremarella addosso, con il folle timore che quello all'improvviso cambi di nuovo idea, e ridiventi cattivo più di prima[6].

脚注

1) **Eh già**　eh は「不服」を表す間投詞、già は si とほぼ同義だが、「積極的に認めたくないことを肯定する」場合に使われることが多い。

2) **ecco che a quel satanasso butta le braccia al collo**　satanasso「悪魔の親分」とはインノミナートのこと。彼に対する枢機卿の好意的な態度と自分に対する厳しさを比較している。「第 7 章後半の登場人物と解説」p.89 でも触れたとおり、アッボンディオが胸中を独白の形で述べる箇所は、マンゾーニの原作でも、第 24 章ほか何箇所かに登場する。こうした「人物描写」はマンゾーニの魅力のひとつ。

3) **una mezza bugia detta per salvare la pelle**　mezza bugia（半分の嘘）は「その場しのぎの言い逃れ」。salvare la pelle は「命を救う」。

Capitolo
Sette

　とんでもない、アッボンディオがそんなこと考えるわけないよね。心の奥のほうでぼそぼそと、きっとこんなふうにつぶやいていたはずだよ。「そうは言うけどよ、聖者さまならなんだってへっちゃらさ、あとからブラーヴォどもに腹をブチ抜かれるのは御自分じゃないんだもの。この聖なるお方にだって、ちょっとはおれの身になってもらいたいもんだ……　あのおっかない顔を見たのはおれなんだぜ、この人じゃない……　それに、なんだよ、あの悪魔のやろうとはハグなんかしやがって、おれにはこんなにガミガミお説教だ……。だって命は惜しいじゃないか、だからその場しのぎでちょっくらごまかしたっていうだけなのによ」。もちろん、口に出して言ったわけじゃないよ。それどころか、頭を下げて、おそらく私がまちがっておりました、と詫びをいれた。なんでも怖い人だから、枢機卿さまのことだって、どんなにかおっかなかったにちがいないよ。その後、自宅に戻った後も、あのカップルが結婚式を挙げてくれとまた言って来るんじゃないかって、何か月ものあいだ、びくびくしどおしだったくらいだもの。ドン・ロドリーゴはまだあの館に住んでいるし、いつなんどきブラーヴォどもを送ってよこすかわからないからね。つまり、もともとの臆病は、そのままずうっと治らなかったってことだ。

　だから、枢機卿に呼び出されて、あの忌まわしい城に、しかも改心したなんてこれっぽっちも信用できない殺人鬼に同行する役目を仰せつかったあの朝ときたら、いったいどんなだったろうね。この男、いつまた急に気が変わるかわかったものじゃない、前よりももっと凶悪になるかもしれない、そう思うと、怖いなんて通り越して気が狂いそうだ。びくびく震えあがりながら山道を上って行ったのだよ。

---

4) **cacasotto era, e cacasotto rimaneva**　cacasotto は「臆病者」。A era, e A rimaneva「その後もずっと A であることに変わりはなかった」。lui <u>era [un] cacasotto</u>, e <u>rimaneva [un] cacasotto</u>. の cacasotto と動詞が倒置され、それに伴い不定冠詞が省略されている。
5) **tagliagola**　「殺人鬼」。tagliare「切る」命令法 2 人称単数形＋ gola〈喉〉の合成名詞。
6) **il folle timore che quello all'improvviso <u>cambi</u> di nuovo idea, e <u>ridiventi</u> cattivo più di prima**　il folle timore「とてつもない恐怖」の内容を説明する che の節の動詞 cambiare と ridiventare は接続法。

第8章前半の登場人物と解説

　エーコが語る『いいなづけ』の物語、第8章を前半と後半にわけて解説します。マンゾーニの原作では、前半は主に第24〜27章に相当します。ペストについては第31章以降で語られています。新たに登場するのは、次の人物です。

　　　　● Donna Prassede …………… プラッセーデ女史　年配の貴婦人

　フェデリーゴ枢機卿が急遽しつらえた救出隊によって、ルチーアは無事救出されました。知らせを受けた母アニェーゼは馬車で駆けつける途中、アッボンディオ司祭にばったり出くわします。アッボンディオはアニェーゼに、例の結婚式のことをお偉方に話すのは「不謹慎にあたるので」絶対に慎むようにと、いかにも司祭っぽいお説教口調で諭します（Manzoni: I promessi sposi, Oscar Classici Mondadori 1995, cap.24 p.463）。

ルチーアと母アニェーゼを迎えるプラッセーデ女史
（1840年版、第25章より）

しかし、司祭がそんなふうに言うのが、自らの身の保全のためであるのは見え見え。そんな忠告を真に受けるアニェーゼではありません。その後まもなく、ミラノ大司教フェデリーゴ枢機卿に会った折、アッボンディオが結婚式を挙げてくれなかったいきさつを詳細に報告するのでした。

　ドン・ロドリーゴはといえば、悪において自らをはるかに凌ぐ存在として畏敬の念を抱いていたインノミナートその人によって、鼻を明かされたことになります。かつての悪の権化と、正義の精華ともいうべき枢機卿の連合軍が相手ときては立つ瀬がありません。そのうちきっと復讐するぞ！　と鼻息荒く言い放って、村からいったん姿をくらまします（マンゾーニ原作 第25章）。しかし、いつまた舞い戻ってくるかわからないので、ルチーアが故郷の自宅で暮らすのは危険です。そこで彼女を引きとろうと名乗りをあげたのがプラッセーデ女史、「善行を施す」ことに生き甲斐を見出す年配の貴婦人でした。「暴動を扇動した犯罪者と結婚の約束などしている」ルチーアの噂を聞きつけて、その娘をこの私がまっとうな道に戻してやらなくては、と使命感

第 8 章　解説 (1)

に燃えたのです。温かく遇されながらも、根拠もなく恋人をならず者呼ばわりされ、そんな男は忘れろと言われては、ルチーアもたまりません。が、それとはまったく別の理由で彼を「忘れなければならない」現実が胸をよぎるのでした。

誓いのことを母に打ち明けるルチーア
（1840年版、第26章より）

　せっかく悪党どもの横暴な力から逃れることができたというのに、マリア様に誓いを立てたばかりに、彼女の想いはレンツォのもとへと一足飛びに飛んで行くことができないのです。ルチーアはアニェーゼに「誓い」のことを打ち明けます。「あの恐ろしい夜さえなかったら」という娘を、母も責めるわけにいきません。神への誓いを破ったばかりに降りかかったというさまざまな天罰の噂も脳裡に浮かびます（マンゾーニ原作第26章）。

　ルチーアはアニェーゼに、いかにも彼女らしい依頼をします。レンツォと結婚することはできない、それならせめて彼の居場所を突きとめ、「事情を正確に伝えて」、インノミナートから受け取った金子(きんす)の半分を彼に送ってほしいというのです。

　そこで、ともに読み書きのできないアニェーゼとレンツォのあいだで、想像するだにもどかしい困難なコミュニケーションが交わされることになります。

　「読み書きできない＝善人」対「ラテン語を使う＝悪人」の構図は、インチキ弁護士アッツェッカガルブッリがレンツォを煙に巻くためにラテン語をまくしたてる場面（第 1 章の登場人物と解説 p.12、第 1 章 p.26-27）でも見たとおりです。

　携帯電話どころか電話機すら存在しない17世紀、遠距離の伝達手段が文字しかない時代に、恋人の心変わりにも絡む微妙なやりとりを、これまた読み書きにさほど慣れてはいない第三者を介して行うのですから、「正確に伝わる」わけがありません。しかも多額のお金まで一緒に送られてきたら、「手切れ金？」とレンツォが早とちりするのも無理はありません。意思の疎通がままならないレンツォとアニェーゼのやりとりが、今回のハイライトのひとつと言えるでしょう。

　そしていよいよ、ミラノを襲う疫病ペストの足音が聞こえてきます。第 8 章後半は、史実であったペストの蔓延(まんえん)という大事件に捧げられます。

大事な手紙を代筆に頼る母アニェーゼ
（1840年版、第27章より）

第8章後半の登場人物と解説

　続いて、エーコが語る『いいなづけ』の物語、第8章の後半です。

　新たな登場人物と呼べる人は特にいません。主人公は病魔ペスト。マルコ・ロレンツェッティの挿絵では魔女の姿で描かれたペスト (p.117) は、物語の急展開に大きな役割を果たします。

17世紀に猛威を振るった
ペストの寓意
(1840年版、第31章より)

　今回の物語を織りなすのは、病魔に慄き、風評に振り回されるミラノの人たち。風評の犠牲となって、ありもしないペスト塗り(ウントーレ)の汚名を着せられた運の悪い人たち。そしてミラノの町を占拠したかのようにわがもの顔に振る舞う死体運搬人(モナット)たち。マンゾーニの原作では第31、32章に相当します。

　原作には、歴史に残る当時の為政者の名前も随所に登場します。冒頭で語られる「大行列」の要請を参事会から受けたのは、あのミラノ大司教フェデリーゴ枢機卿でした。見識ある大司教は、大勢が一堂に会すればペストの蔓延を助長すると判断したので、当初この要請を断り続けます。しかし、許可しなかった理由のなかには、もしもペスト塗りが実在するとすれば、彼らにとって格好の機会になるだろうという危惧もあったのです。フェデリーゴ枢機卿ともあろう人までそうした思考に至るほど、ペスト塗りの噂には真実味がありました。疫病の原因が解明されていなかったのだから無理もありません。結局大勢の流れに勝てず、枢機卿は大行列を許可することになるのですが。(Manzoni: I promessi sposi, Oscar Classici Mondadori 1995, cap.32 p.604-605)

　アッボンディオ司祭がドン・ロドリーゴの用心棒(ブラーヴォ)たちに脅される場面とともにこの物語が始まったのは1628年11月初旬、ペストの発生は翌1629年秋、ドイツからマントヴァに向けて神聖ローマ皇帝軍の傭兵たちが南下してきたときのことです。1630年にかけて徐々に蔓延の兆しを濃くしていきます。それが、戦争にかまけて十分な対策をとらず、糊塗策にのみ走った為政者たちの責任であったことは、マンゾーニばかりでなくエーコも声高に訴えているとおりです (p.110-111)。「ペスト」という言葉そのものが禁句でした。ペストであると明言したばかりに、民衆や当局に敵視される医者もいたのです (同上 Manzoni: cap.31 p.585)。

　疫病はその後1631年にかけて、北イタリアで爆発的な猛威を振るいます。にっち

もさっちもいかない状況で生まれる風評のおぞましさについて、エーコもエピソードをいくつか紹介しています。そのなかのふたつに相当する部分を、マンゾーニの原文から以下に引用しましょう。この小説が、実在の歴史家リパモンティの記述に基づいた「匿名の筆者」によるものであるという設定を思い出させる文も含まれています（同上 Manzoni: cap.32 p.606）。

ペスト塗りと見なした人に襲いかかる市民
（1840年版、第32章より）

なんのミサの日だったか、サンタントニオ教会で八十歳は優に超える老人が長いこと跪いて祈りを捧げたあと、座ろうとして長椅子のほこりをマントではたいた。それを目にした女たちが声を揃えた、「あの爺さん、椅子に塗ってる！」。教会のなかに（教会のなかですぞ！）いた人たちは老人に躍りかかると、白くなった髪を摑んで殴る蹴るの暴行を加え、力ずくで引きずり出した。息の根を止めなかったのは、半殺しのまま牢屋へ引っぱって、裁判や拷問にかけたかったからだ。リパモンティ（Giuseppe Ripamonti 1573-1643、歴史家）は、「そうやって老人が引きずられていくのを見た。それ以上のことはわからない。あの後、わずかのあいだでも生きられたとは、とても思えない」と記している。

また（その翌日には）同じく異常なことではあったが、死者は出なかった。それぞれ、文学、絵画、機械の好きな３人のフランス人の若者が、古きものを勉強して何か仕事にありつきたいとイタリアに来ていた。３人がドゥオーモの外壁に近づいて注意深く観察していると、通りかかった男が彼らを見て立ち止まった。別の男に合図するとほかの者たちも集まってきて人だかりができた。服装、髪型、背負い袋からしてどうみても外国人、それもまずいことにフランス人だ。大理石の感触を確かめたくて３人は手を伸ばして石に触った。それがいけなかった。取り囲まれ、摑まれて小突かれるなど手荒な扱いを受けたあげく、牢屋へ引っぱって行かれた。裁判所がドゥオーモから近かったのが幸いした。無実であることが証明されて釈放されたのである（同上 cap.32 p.606-607）。

こうした狂気の実態を、マンゾーニは別の著書『恥辱の記念柱』《Storia della colonna infame》（1840年）にも書き残しています。

La Storia de I Promessi Sposi
raccontata da Umberto Eco

Capitolo
Otto

In ogni caso, quella spedizione va a buon fine. Lucia ora è libera, sua madre Agnese la raggiunge, l'Innominato le fa pervenire una dote[1] di cento scudi d'oro, e le due poverine non avevano mai visto tanti soldi tutti insieme.

Tornare però al loro paesello è pericoloso, e Lucia viene accolta come dama di compagnia da una certa donna Prassede[2]. Nel frattempo è arrivata la notizia che Renzo è scomparso oltre confine, ricercato per attività che oggi diremmo terroristiche, e quanto più non lo si vedeva, tanto più le voci correvano[3], e ormai sembrava che fosse stato lui solo a[4] organizzare tutti i disordini a Milano. Per cui[5], donna Prassede si era ripromessa di convincere quella buona Lucia a non pensare più a un lazzarone del genere. Lucia difendeva il suo amato, ma si rendeva conto che ormai, a causa del voto, non poteva amarlo più, e doveva davvero dimenticarlo. E, disperata, aveva raccontato tutto a sua madre.

脚 注

1) **dote** 「持参金」、広義に「結婚資金」。フェデリーゴ枢機卿に宛てたインノミナートの手紙には「この100スクードをルチーアの母君に渡していただきたい。娘さんの嫁資(かし)として、あるいはよかれと思う用途、何にあててもらってもかまわない。また、困ったことがあったらいつでも私に頼みにくるように。私の住処は、気の毒な娘さんが残念ながら知っているから」と記されていた（マンゾーニ原作 第26章）。
2) **viene accolta come dama di compagnia da una certa donna Prassede** 受動態《venire + accogliere の過去分詞》。dama di compagnia は貴族の身のまわりの世話をする女性。たまたま近くの別荘に来ていたプラッセーデ女史は、「お尋ね者の婚約者」ルチーアの噂に興味を抱き、彼女を引きとることにする

第 8 章

　ともあれ、救出隊派遣は首尾よく運んだ。晴れて自由の身となったルチーアのもとに、母アニェーゼが駆けつけてくる。インノミナートから、100スクードの金貨が結婚資金として届けられた。こんなにたくさんのお金がひとつところにまとまっているなんて、ふたりは気の毒に、それまで一度も目にしたことがなかった。

　故郷に戻るのは、しかし、危険だ。ルチーアはプラッセーデという貴婦人のもとに、お付きとして引きとられることになる。そうこうするうち、レンツォが国境を越えて行方をくらませた、との知らせが届く。今ならさしずめテロ行為とでもいうべき容疑でお尋ね者となっているというのだ。本人の姿がどこにも見えないのでなおのこと、さまざまな噂が飛び交っていた。もはや、ミラノにこれだけの混乱を招いたのが、まるでレンツォひとりの仕業だったとでも言わんばかりだ。そこで、プラッセーデ女史は、気だての好いルチーアに、そんな悪党のことなどさっぱり忘れるよう説得しようと心に決めたのだった。ルチーアは愛する人を弁護する。しかし、聖母マリア様に誓いを立ててしまった以上、もはや彼を愛するわけにはいかない、本気で彼を忘れるしかない、ということもわかっていた。やりきれない想いにとらわれて、洗いざらい母親に打ち明ける。

　（マンゾーニ原作 第25章 p.483-486）。

3) **quanto più non lo si vedeva, tanto più le voci correvano**　quanto più ~ , tanto più ... ~であればあるほど…だ。tanto più ~ , quanto più ... に同じ。

4) **sembrava che fosse stato lui solo a ~**　〈essere ~ a 不定詞〉で、強調構文「…なのは~だ」。sembrava che ~ の節の fosse stato は接続法大過去。solo は直前の lui にかかる。

5) **per cui**　cui の先行詞は前文「レンツォについて悪評が立っていること」。そのことのために ⇒ 「だから、従って」

La Storia de I Promessi Sposi
raccontata da Umberto Eco

 Agnese aveva ritrovato le tracce di Renzo e gli aveva scritto, mandandogli una metà della dote dell'Innominato, quasi come un contentino, e parlandogli del voto[1]. Però Agnese non sapeva scrivere, e aveva dettato la lettera a qualcuno che di quella storia aveva capito quel che poteva, e l'aveva messa giù a modo proprio. La lettera era arrivata a Renzo che non sapeva leggere, e chi gliel'aveva letta aveva capito poco di quel che Agnese raccontava, e nel ripeterlo (a modo proprio), faceva sì che Renzo capisse ancor meno[2]. E così, il povero ragazzo aveva soltanto intuito che Lucia non voleva più saperne di lui[3]. Si era disperato, si chiedeva il perché, avrebbe voluto tornare a Milano[4] per chiarire le cose, ma aveva timore dell'arresto.

 Insomma, l'intera situazione era a quel punto più drammatica di prima, quando (colpo di scena, ta ta ta tà!) arriva la peste. Anzi la Peste, con la maiuscola[5], un flagello di proporzioni immani.

脚注

1) **Agnese aveva ritrovato le tracce di Renzo 〜 parlandogli del voto**　レンツォのほうも何としてもルチーアたちの消息を知りたくて、苦労の末、レッコの知人に宛てた手紙にアニェーゼ宛の手紙を同封し、それが首尾よくアニェーゼの手に渡ったのである。contentino は、相手を喜ばせるために加える「おまけ」「慰み」。

2) **nel ripeterlo 〜 ancora meno**　ripeterlo は定冠詞 il をつけた名詞的用法の不定詞 ripetere と「手紙の内容」を受ける中性代名詞 lo「そのこと」が結合した形。in ＋ 不定詞は「〜するときに」→「繰り返すにあたってほとんどわかっていなかった」。faceva sì che ＋ 接続法。sì は così の省略形。「そうやってレンツォがさ

Capitolo Otto

アニェーゼはレンツォの手がかりをつかむことができたので、彼に手紙を書いた。インノミナートからもらった金子(きんす)の半分をまるでおまけみたいに同封し、ルチーアの誓いのことに触れた。そもそもアニェーゼは文字が書けないのだから、手紙を書いたとは言っても、だれかほかの人に口述して代筆してもらったわけだ。しかし、代筆する人だって自分がわかる範囲で内容を理解するしかないから、自分なりの解釈で書いた。手紙がレンツォのもとに届くと、こんどは彼が文字を読めない。代読してくれた人だって、アニェーゼの言いたいことなんかほとんどわからないまま、(自分なりの解釈で) 読みあげたから、レンツォにいたっては、なんのことやらますますわからなくなってしまった。かわいそうにこの若者が感じとったのは、ルチーアが彼のことなんかもうどうでもよくなったということだけだった。ヤケッパチな気持ちにもなるさ。いったいどうしてなのか思いあたるふしもない。ミラノに戻ってはっきりさせたいところだけれど、逮捕されるのは怖かった。

　さて、ここにきて、もっとドラマティックな展開になるよ (タタタタッ！)。ペストが襲来してきたのだ。「ペスト」と括弧で括っておこう。桁外れの厄災だった。

　　らにわからなくなるようにした」。
3) **non voleva più saperne di lui**　non volere sapere più di ～ で「～のことに関心がなくなる」。ne = di lui, di lui の部分を反復している。
4) **avrebbe voluto tornare a Milano**　プラッセーデ女史に引きとられたルチーアは今ミラノにいるので、彼女に直接会って話をしたい。
5) **Anzi la Peste, con la maiuscola**　原文は「Peste と大文字にしておこう」。

20

Non poteva essere altrimenti. Migliaia e migliaia di mercenari[1] sudici e pieni di infezioni che attraversano paesi e campagne, lasciando i loro bisogni lungo le strade, scontri sanguinosi coi morti che giacciono sul terreno e nessuno che pensa a seppellirli: ci sono tutte le condizioni ideali per il diffondersi di una pestilenza[2]. E la pestilenza si sarebbe diffusa meno se la gente si fosse preoccupata e avesse preso tutte le precauzioni igieniche del caso. Ma a quei tempi, l'igiene era quello che era, solo più tardi qualche scienziato, a cui nessuno dava peraltro ascolto, avrebbe fatto l'ipotesi che forse forse le pestilenze erano dovute a degli animalucoli piccolissimi (e cioè i microbi).

Inoltre, l'idea di pestilenza faceva tanta paura che, per un pezzo, la prima preoccupazione, non solo della gente comune ma anche delle autorità, era stata di negare che ci fosse[3]. Quando erano apparsi i primi cadaveri, dapprima s'era detto che si trattava di febbri dovute a emanazioni delle paludi. Poi erano arrivate altre testimonianze, ma il governatore di Milano doveva pensare alla guerra in corso e non a piccole febbriciattole[4].

脚注

1) **Migliaia e migliaia di mercenari**　数えきれないほどの傭兵たち。折からの30年戦争と傭兵については、第6章 (p.74-77) 参照。

2) **pestilenza**　peste と同義だが、「脅威としての疫病」のニュアンスが強い。

Capitolo
Otto

　このような事態になるのも当然だったんだ。病原菌まみれの不潔な傭兵たちが大挙して村や野原を闊歩し、道端で用を足していたのだもの。疫病がはびこらないわけがない。血みどろの闘いで命を落とした者の死体は地面に横たわったままで、だれひとり埋葬しようとはしなかった。疫病が蔓延するのにもってこいの条件がすべて整っていたわけだ。もしも当時の人がそれなりの認識をもって、適切な予防措置をとっていれば、ペストがここまで蔓延することはなかったはずだ。しかし、当時の公衆衛生ときたらお粗末なものだったからね。もっと後になってようやく、とある科学者が、もしかしたら、ペストの原因は小さな小さな微生物（つまり細菌）ではなかろうかという仮説を立てるけれど、それだってすぐには相手にされなかったくらいだもの。

　そればかりか、ペストだなんて考えるだけでものすごく怖かったので、かなり長いあいだ、一般の人はもとよりお偉方まで、そんな疫病の存在など認めるまいと躍起になっていたんだ。最初の死者が出たときにまず言われたのは、沼沢地から発生する毒が原因の発熱、というものだった。その後次つぎに新たな証拠があげられてきたのに、ミラノの総督は折からの戦争のことで頭がいっぱいだったから、ちっぽけな発熱ごときにかかずらっている暇なんかなかったんだね。

3) **la prima preoccupazione ~ ci fosse**　era stata の主語は、la prima preoccupazione。「最大の関心事は〈それが〉存在するということ（事実）を否定することだった」。negare che ~ の節の接続法 fosse にも注目。
4) **febbriciattole**　febbre「熱」+ -iattolo〔軽蔑・悪質〕⇒ しつこい微熱。

La Storia de I Promessi Sposi
raccontata da Umberto Eco

Finalmente, qualcuno aveva visto per la prima volta un bubbone[1], e questa escrescenza bluastra che appariva di solito sotto l'ascella era segno indubitabile di peste. Terrorizzate, le autorità avevano proclamato la necessità di una grande processione cittadina per implorare l'aiuto divino, senza pensare che mettere migliaia di persone[2] tutte insieme, l'una a contatto dell'altra, era il modo migliore per diffondere il contagio.

E, come se non bastasse, anche di fronte ai bubboni, i medici più stupidi, invece di parlare di peste, si limitavano ancora a parlare di "febbri pestilenti". Come se, cambiando la parola, cambiasse la cosa[3].

Ma dovete mettervi in testa - e il signor Alessandro ce lo fa capire benissimo - che a fare andar male le cose sono sovente i cattivi ma ancora più spesso gli stupidi.

Quando poi nessuno poteva più negare l'esistenza della peste, e la gente cadeva morta per strada, allora tutta la Lombardia era come impazzita: non potendo più negare la tremenda realtà, si cominciava a chiedersi di chi era la colpa[4]. La colpa è nostra, avrebbe dovuto dire ciascuno, di chi non ha subito riconosciuto il male, di chi non ha iniziato per tempo la prevenzione, le difese, le cure, le disinfezioni. Ma è sempre penoso dire "la colpa è mia".

脚注

1) **bubbone** リンパ腫
2) **migliaia di persone** migliaia は migliaio「約1,000」(男性名詞) の複数形「多数」(女性名詞)。migliaia e migliaia di ～ は数の多さを強調する語法 (p.110 脚注1 参照)。
3) **Come se, cambiando la parola, cambiasse la cosa** 「まるで、呼び名を変えることによってそのもの自体が変わるかのように」come se + cambiasse (接続法半過去)。cambiare が2回登場するが、ひと

Capitolo Otto

ついに、リンパ腫発症者第一号が出た。たいてい腋の下にできるこの青白い腫れものは、紛れもなくペストの症状だ。恐怖にかられたお偉方は、大行列をして神の御加護を求めるべきであると市民にお触れを出した。何千もの人が一緒くたになって互いに接触するんだよ。それこそ、感染を広げるのにうってつけじゃないか。そこに考えがおよばなかったとはね。

　それに、まだおまけがあるんだ。リンパ腫を突きつけられても、超マヌケな医者どもは、ペストとは言わずに「疫病性発熱」などという病名を持ち出してごまかしていた。名前を変えれば、病気そのものが別のものになるとでもいうのかね。

　皆にも是非、覚えておいてほしいことがある。アレッサンドロさんがとてもわかりやすく語っているとおり、事態を悪くするのはたいてい悪いやつらだけれど、愚か者どもがそれをやらかすケースのほうがもっと多いってことだ。

　もはやだれひとり、ペストの蔓延を否定することはできなくなった。人々が路上で死にたえていくにおよんで、ロンバルディア全域が狂乱状態に陥った。恐るべき現実を認めざるをえないとなると、その責任はだれにあるか、との追及が始まった。病魔をすぐに認識しようとしなかった人も、早めに予防、防御、治療、消毒などの策をとらなかった人も、みんながそれぞれ、責任は自分たちにあると言うべきだったんじゃないのかな。しかし、いつの世でも「責任はこの私にあります」って、なかなか簡単には言えないものだよね。

　　つ目 cambiando（ジェルンディオ）は la parola を目的語とする他動詞、ふたつ目 cambiasse は la cosa を主語とする自動詞。
4) **si cominciava a chiedersi di chi era la colpa**　最初の si は〈非人称〉で漠然と「人びとは」。chiedersi の si は〈再帰代名詞〉で自分に問う →「考える」

113

La Storia de I Promessi Sposi
raccontata da Umberto Eco

Ed era nata la diceria degli untori[1]. Cioè, si era iniziato a pensare che persone malvagie, magari agenti nemici, o inviati del diavolo, andassero in giro a spargere sui muri, sulle porte, ovunque, dei veleni che diffondevano i germi della peste.

Così, mentre la gente moriva sempre di più, e l'ospedale degli appestati, il lazzaretto[2], si riempiva all'inverosimile, tutti stavano con gli occhi aperti per individuare i maledetti untori. Ad alcuni era parso di vedere chi[3] ungeva delle panche in duomo, si erano portate le panche sul sagrato per lavarle, ma la gente, vedendo quell'ammasso di legname[4], cominciava a dire che erano state unte tutte le panche della cattedrale. Una mattina si era scoperta una sudiceria giallognola che appariva su porte e muraglie. Forse era uno scherzo macabro, o più probabilmente quei muri erano sudici da tempo salvo che nessuno ci aveva fatto mai caso[5]. Ma ormai era scoppiata una pazzia collettiva, e venivano visti come untori coloro che dall'abito sembravano stranieri: è sempre più facile odiare uno straniero che un vicino di casa.

脚注

1) **diceria degli untori**　diceria は「根も葉もない噂」。untore は動詞 ungere「塗る」から派生した〈人〉を表す名詞。ペストが流行ったこの時代のミラノでのみ用いられた。原因が解明されていない疫病の「具体的な原因」を、何でもいいからひとつ設定し、「敵の姿」が見えるようにすることが、こうした状況下では必須である。

2) **lazzaretto**　隔離されたスペースに掘立小屋がいくつも建てられていた。飢饉の時代には飢えた人を収容する施設として機能したこともある。

Capitolo Otto

　そこで、ペスト塗り「ウントーレ」の風評が生まれたってわけだ。つまり、悪意のある人たち、ひょっとすると敵側の、あるいは悪魔の手先がうろついて、壁や門などいたるところに毒を塗りまくり、それがペストの種をばら撒いていると、だれもが考えるようになった。

　死者の数は増える一方で、ペスト患者を収容する避難所「ラッツァレット」は、信じられない勢いで満杯になっていった。同時に、忌まわしい塗り屋がいったいどいつなのか特定しようと、だれもが目を凝らすようになった。大聖堂の長椅子に毒を塗る人を見たような気がすると言う人がいると、長椅子は洗浄のため前庭に運び出された。するとこんどは、大きな材木の山を目にした群衆が、大聖堂の長椅子はぜんぶ毒が塗られていると言い出した。ある朝、家々の扉と城壁に黄色っぽい汚物がついているのが見つかった。ひょっとして、性質(たち)の悪い悪戯だったのか。いやむしろ、城壁がずっと前から汚れていたのに、だれも気にしていなかった、といったところだろう。ともかく、集団狂気は暴発してもはや留まるところを知らない。服装がよそ者くさいと、それだけでペスト塗りと見なされるようになった。ご近所さんよりも知らない人を敵にまわしておくほうが、気がラクだもの。いつの時代も同じだね。

---

3) **ad alcuni era parso di vedere chi ~** 〈parere a＋人 di＋不定詞〉「(人が)自分が～するような気がする」parere の直説法大過去。過去分詞は parso、助動詞は essere。
4) **legname** 材木。木製の長椅子のほか、席の仕切り板も運び出されていた(マンゾーニ原作 第31章)。
5) **salvo che nessuno ci aveva fatto mai caso** salvo che ~ 「～することなしに」。接続法を従えて「～の場合を除けば」と仮定の意味を含むことが多いが、ここは aveva fatto と直説法。「(事実)だれも気づくことのないままずっと前から汚れていた」。farci caso ＝ 気にかける。da tempo ＝ ずいぶん前から。

La Storia de I Promessi Sposi
raccontata da Umberto Eco

Si era linciato un vecchio perché aveva spolverato una panca. Se qualcuno chiedeva per strada un'informazione togliendosi il cappello, subito si gridava che nascondeva nella tesa la polvere velenosa da lanciare sulla vittima. Un tale aveva toccato la facciata del duomo per saggiare la consistenza della pietra, e la folla si era precipitata imbestialita su di lui.

Ad accrescere il terrore, la città era popolata dai monatti, personaggi in abito rosso che andavano a prelevare i cadaveri per portarli nelle fosse comuni, e che pensavano di difendersi dal contagio bevendo in continuazione. Cosicché, perennemente ubriachi, attraversavano la città sui loro carri, seduti su montagne di cadaveri, puzzolenti del fetore di quei morti, depredando le case degli ammalati che venivano a prelevare, talora ancora vivi[1]. Contribuivano, si diceva, a diffondere il contagio buttando per strada i cenci degli appestati, perché ormai la peste era diventata la loro fonte di guadagno.

脚注

1) depredando le case degli ammalati che venivano a prelevare, talora ancora vivi
depredare「略奪する」。prelevare「(人を)捕える」。関係代名詞 che は目的格。先行詞は gli ammalati。talora ancora vivi は ammalati にかかる形容詞句。「死体運搬人たちは、病人を連行するためにやって来た、

Capitolo
Otto

　ある老人はベンチの埃を払ったばかりに、毒を塗ったとしてリンチにかけられた。通りすがりに帽子をとって何か尋ねようものなら、相手にばら撒く毒の粉を帽子のつばに隠していると言って、たちまち騒がれた。石の硬さを手で確かめたくて大聖堂のファサードに触れる人がいれば、群衆があっという間にはげしく襲いかかった。

　さらに、死体運搬人たちが町に住みつくようになると、恐怖はさらに拡大した。赤い服を身にまとい、遺体を引きとって共同墓地まで運搬するモナットたちは、感染から身を守るには立て続けに酒を飲むしかないと思っていた。だから、死体の山に腰をおろして四六時中酔っぱらっており、耐え難い死臭を放ちながら大八車で町なかを通りぬけて行った。ときには、まだ息絶えていない病人まで引っ立てて馬車に乗せ、その家を略奪した。ペスト患者の古着を道すがら放り出して、感染を広げるのに一役買ったとも言われている。ペストはいまや彼らの収入源だから、病気をもっと蔓延させたかったんだ。

　まだ生きていることもある病人の家を略奪しながら」。ジェルンディオ depredando は〈同時進行〉。なかには死体運搬人を装って病人の家に押し入る泥棒や役人までいた（マンゾーニ原作 第32章）。

第9章前半の登場人物と解説

　エーコが語る『いいなづけ』の物語、第9章を前半と後半にわけて解説します。マンゾーニの原作では、前半は第33〜35章に相当します。原作は全38章ですから、物語も終盤に近づいてきたことになります。今回新たに登場する人物はもういませんが、懐かしいクリストーフォロ神父、そして主人公たる婚約者の悲劇の火付け役ドン・ロドリーゴも再登場します。

　ペストの猛威が巻き起こしたさまざまな余波のなかには、レンツォに幸いするものもありました。病魔が、彼が「お尋ね者」であることを、ミラノの町に忘れさせてくれたのです。これでようやく堂々とミラノ入りを果たしてルチーアの足跡を探ることができます。

　しかし、町に入って彼が最初に得た情報は、ルチーアが避難所に連れていかれたというものでした。無事に生きているのか、不安がつのります。

　でも、そこに待っているのはマンゾーニならではの物語展開。勧善懲悪の神様がここまで大きな存在感を見せてくれる場面は、おそらく初めてでしょう。神様は健在です！　今回は奇跡を3つも大サービスしてくれるのですから。

　まずは、われらが若者レンツォに対する慈しみです。彼もいったんはペストにかかりましたが早くも治癒しています。免疫ができたおかげで、病人であふれる避難所をいくら歩きまわっても、もはや感染する心配がないのです。

　2番目に、避難所で偶然、クリストーフォロ神父との再会を果たします。

　そして3番目の奇跡。極悪人ドン・ロドリーゴが、なんとペストにかかったのです！ ルチーア誘拐作戦に失敗して面目を失い、自らを凌ぐ極悪人のはずだった頼みの綱インノミナート（第5章 p.62-63、第7章 p.86-99）の心変わりに煮え湯を飲まされたドン・ロドリーゴは、ついには腹心の手下グリーゾ（第3章 p.46-47）にまで裏切られて避難所送りとなり、生死の淵をさまよっているのです。悪の権化として華やかに登場したドン・ロドリーゴが、ここまでひどい目に遭わされると、いささか気の毒に思えないでもありません。ともあれ、〈悪〉は徹底的に叩きのめす、これがこの作品の信条です。神様のお考えがどのようなものなのか、その点については、ウンベルト・エーコも「エピローグ」（p.134-141）で言及してくれるはずです。

　さて、ここでは、マンゾーニの原作第35章から、避難所でレンツォが、クリストーフォロ神父の姿に気づく場面をご紹介しましょう。クリストーフォロ神父は、ドン・ロドリーゴの差し金でリミニに左遷させられた後（第5章 p.66-67）、ずっとその地

第9章 解説(1)

で任にあたっていましたが、ミラノでのペスト発生を知るに及んで、「自らの命を隣人のために捧げる機会がついに到来した」と、ミラノへの派遣を強く所望し、ミラノに到着するや、すぐに避難所に入っていたのです。

　避難所の、死体と渾然一本となったかにも見える瀕死の病人、快復に向かう人、介護にあたる人、おなかをすかせた赤ん坊を抱きかかえる乳母たちと、乳母代わりをする雌山羊たちなどから目が離せないレンツォですが、ルチーア探しという自らの目的を思い出しては、板塀に沿って歩みを続けます。

クリストーフォロ神父と再会したレンツォ
（1840年版、第35章より）

　通路がどうなっているのか見極めようと前方に目をやったとき、ほんの一瞬だが、さっと通りすぎる姿が目のなかに飛び込んだ。レンツォは気持ちが動顚した。100歩ほど先の小屋のあいだからカプチン派の僧侶がひとり、現れてすぐに姿を消したのだ。離れていたし、しかも一瞬だったとはいえ、あの歩き方、身のこなし、体形は、まちがいなくクリストーフォロ神父だ。レンツォがどれだけ夢中で駆け寄ったか、皆さんのご想像のとおりである。前と後ろ、中と外をきょろきょろ見まわし、行ったり来たりして探しまわった。同じ姿形が再び視界に入ったときの嬉しさといったら。神父は火からおろした鍋を持って小屋のほうへと向かい、入口で腰をおろすと鍋の上で十字を切った。それからいつも警戒態勢にいる人のように周りを見まわしてから、食事にとりかかった。まさしくクリストーフォロ神父だ。〔略〕

　「クリストーフォロ神父さま！」とレンツォは声をあげた。「おまえがここに！」神父は鍋を地面に置いて立ちあがった。「神父さま、お元気なんですか？　お加減はどうなんですか？」「ここでお前が目にする人たちよりはましだ」と神父は答えたが、くぐもった声は弱々しく、身体のほかの部分と同じように、昔の面影はなかった。

(Manzoni: I promessi sposi, Oscar Classici Mondadori 1995, cap.35 p.677-678)

　レンツォはルチーアと会えるのでしょうか？　会えたとしても、マリア様に誓いを立ててしまった彼女と、結婚することはできるのでしょうか？　奇跡に期待をかけましょう。

第9章後半の登場人物と解説

　エーコが語る『いいなづけ』の物語、最終章第9章の後半は、読者をはらはらさせた主人公のふたりをはじめ、＜善なる＞主要人物たちが再登場してフィナーレを飾ってくれます。避難所を舞台に、まずはレンツォが、ルチーアとの念願の再会を果たし（これも奇跡！）、クリストーフォロ神父とレンツォとルチーアの3人が一堂に会します。そしてまた、アッボンディオ司祭も相変わらず臆病風に吹かれる姿をちょっぴりさらけ出し、知恵を働かせて若いカップルを助けてきたルチーアの母アニェーゼも大勢の孫に囲まれるおばあちゃんとなって、物語はめでたく幕となります。

　とはいうものの、ハッピーエンドへと至る道は、最終章に至っても決して平坦ではありません。ルチーアの「マリア様への誓い」が高いハードルとなって立ちはだかっているからです。「窮地に追い込まれ、動転してマリア様に立てた誓いなぞに意味はない」とのレンツォの認識には、そりゃそうだ！　と私たち読者も合点がいきます。しかし、優しいはずのルチーアが、ことこの件になると驚くほど頑固です。クリストーフォロ神父の説得があってようやく納得しますが、マンゾーニの原作では、それすらエーコ版のようにすんなりとは進みません。

　ようやく出会えた奇跡の瞬間だというのに、ふたりとも心に引っかかるものがあってどこかぎくしゃくしています。レンツォには、あのわけのわからない手紙（第8章p.108-109）から生じた疑念が、ルチーアの心のなかには、マリア様への彼女の誓いを知っていながらそれを無視して自分を探し続けるレンツォへの怒りが渦巻いています。マンゾーニの原作第36章から、その場面を紹介します。

「それじゃ、レンツォ、（お母さんの手紙のことは）ご存じなのね。なのに、どうしてここにいらしたの？　どうして？」
「どうして来たかだって？　ルチーア、どうして来たかなんて僕に言うのかい。あれだけ約束を交わした仲じゃないか。そ

奇跡の再会を果たすレンツォとルチーア
（1840年版、第36章より）

第 9 章 解説（2）

れなのに、もう昔の僕たちじゃなくなったっていうのか？ 忘れたのかい？ どうしてこんなことになっちまったんだ？」「〔略〕だって、私、時間が経てばきっと忘れることができるだろうって、ようやく希望が持てるようになってきたところなのよ」「けっこうな希望とやらだな!! 僕に面と向かって、よくそんなことが言えたもんだ！」〔略〕「だってねえ、レンツォ、ご自分が何をおっしゃってるか考えてちょうだいな。聖母マリア様との約束があるのよ！ 誓いを立ててしまったんですもの！」「僕に言わせりゃ、そんな約束にはなんの意味もない」

(Manzoni: I promessi sposi, Oscar Classici Mondadori 1995, cap.36 p.697)

　原作のこの場面では、まだ結婚するに至っていないふたりが、「あなた」の代名詞に tu ではなく voi を使っています。相手への敬意を込めた、いくぶん距離を置いた口ぶりです。

　また、引用箇所には、promessa の言葉が異なるふたつの意味で登場します。ふたりの「結婚の約束」と、ルチーアと聖母マリアの、というか、「ルチーアが聖母に対して一方的に取りつけた約束」です。後者はルチーアが、voto「誓い」とも呼んでいます。作品のタイトル《I promessi sposi》との関係については、本文脚注 4 (p.129) も参照してください。

　さて、マンゾーニは、ハッピーエンドで読者をほっとさせる全 38 章に及ぶこの物語を、こんなふうに結んでいます。

　この結末は、弱者が獲得したものにしては、いかにもまっとうに思える。だからこれを物語全体のエッセンス (sugo) として、私たち（史料を残した無名の筆者と物語を語ったマンゾーニ）は最後に提示することにした。この物語がまるっきりおもしろくなかったというのでなかったら、史料を書き残してくれた人に、そしてこの物語を語った者にもほんのちょっとだけ、優しい眼差しを注いでいただきたい。しかし、もしも私たちが皆さんをたいくつさせてしまったとしたら、わざとそうしたのではないということは、どうか信じていただきたい。

(同上 Manzoni: cap.38 p.745-746)

　この物語が、「あくまで史実を題材として、参照しうる史料に基づいてありのままに語られたものである」という姿勢を最後まで貫いています。

　この物語は第 9 章をもって完結します。が、まだこれで終わりではありません。このあと、エーコが彼らしいアイロニーと茶目っ気をこめて語る「エピローグ」が続きます。作品の成立過程とイタリア文学の中に占める位置とは、また、エーコがなぜこの作品を愛するのか、「エピローグ」を、どうぞお楽しみに。

Capitolo Nove

Insomma, dappertutto erano scene orripilanti[1], ogni famiglia aveva i suoi morti e i suoi morenti, e in quello scenario desolato[2] ecco che appare Renzo.
Renzo aveva avuto la peste, ne era guarito[3] perché era un giovane robusto, e da quel momento non poteva più essere contagiato di nuovo. Aveva pensato che con quello che stava succedendo[4] nessuno si occupava più di lui, e aveva ragione: le autorità avevano ben altro per la testa[5]. Così aveva deciso di tornare a Milano. Per trovare Lucia, naturalmente, di cui non sapeva più nulla.

Pensando che potesse essere da donna Prassede, era andato a casa sua. Una tizia[6] dalla finestra gli aveva sgarbatamente detto che Lucia era stata portata al lazzaretto[7]. Poi, vedendo che lui, ansioso di altre notizie, continuava a bussare alla porta, si era messa a gridare: "Dagli all'untore![8]". La gente in quei giorni era solo spaventata, e bisogna capirla: erano diventati come matti.

脚注

1) **orripilante** 身の毛もよだつ〔形容詞〕
2) **desolato** 痛ましい、荒れ果てた〔形容詞〕
3) **ne era guarito** guarire da ~「(人が) ~から快復する」。ne = dalla peste
4) **con quello che stava succedendo** (その時) 起こっていたことに照らしてみると
5) **avevano ben altro per la testa** まったく別のことを頭に抱えていた。ben altro の ben (bene の -e の切断) は〈強め〉。

第 9 章

つまるところ、どこもかしこも陰惨な光景ばかりだった。どこの家にも死者や瀕死の病人がいた。目を覆うばかりのこんな舞台に、レンツォが登場する。レンツォはペストに罹ったのだけれど、若くて丈夫だったので治っていた。それに、病気のおかげで免疫ができたから、このあとふたたび感染する心配もない。疫病の蔓延という状況が状況だから、もうだれも自分のことなどかまってはいないだろうと、彼は考えた。そう、思ったとおりだった。お偉方はそれどころではなかったからね。そこで、ミラノに戻ることにした。もちろんルチーアを探すためだ。ルチーアがどうしているのやら、その後なんの情報も入ってこないんだもの。

プラッセーデ夫人のところにいるかもしれない、そう思って彼は夫人の家を訪ねてみた。ひとりの女が窓越しに、ルチーアは避難所へ連れて行かれたと、けんもほろろに言い放った。レンツォはもっと詳しく教えてもらいたかったから、扉を叩くのをやめなかった。すると、その様子を目にした女が「塗り屋だ！ やっつけろ！」と大声で叫んだのだ。その頃は、だれもがただただ恐怖に慄いていたんだもの、理解してやるしかないね。みんな頭がおかしくなっていたんだよ。

---

6) **tizia** ある女（あえて名前をあげず、軽蔑のニュアンスを若干含む）。
7) **lazzaretto** ひとつの独立した建物ではなく、敷地のなかに、掘立小屋とバラックの板塀、大八車などが散在し、その間にも多数の人がいる（マンゾーニ原作 第 35 章のイラスト）。第 8 章 p.114 脚注 2 参照。
8) **Dagli all'untore!** dare a 〜 で「〜を捕まえて殴る」。dare のあとに、colpi または addosso などが省略されている。all'untore を代名詞 gli で先行させている。untore「塗り屋」については、第 8 章 p.114 脚注 1 を参照。ちなみに、窓越しに答えた女と、大声をあげた女は別人（マンゾーニ原作 第 34 章）。

La Storia de I Promessi Sposi
raccontata da Umberto Eco

    Renzo si era salvato da una folla inferocita saltando su un carro pieno di cadaveri e di monatti che stavano sbevazzando. Quelli, dapprima avevano pensato che lui fosse davvero un untore, e quindi qualcuno che gli procurava ammalati. Poi si erano accorti che era solo un povero ragazzo e lo avevano trattato da "untorello" da quattro soldi[1].

    Renzo si era liberato disgustato da quella marmaglia, ed era riuscito ad arrivare al lazzaretto, dove ora si aggirava sperduto chiedendosi[2] come ritrovare in quella immonda confusione Lucia, viva o morta.

    Ed ecco che, quasi per miracolo, sulla porta di una capanna, incontra padre Cristoforo, che ai primi sentori della peste[3] aveva ottenuto il permesso di tornare in Lombardia per dedicarsi alla cura dei malati. Cosa che aveva fatto senza risparmiarsi, comprese dolorosamente Renzo[4], perché portava in volto anche lui i segni del male che lo stava divorando.

脚 注

1) **"untorello" da quattro soldi**　untorello = untore + 接尾辞 -ello〔縮小〕。da quattro soldi = 4 ソルドの値打ちの →「価値のない」。quattro は「わずかの」、soldo は「金銭」(かつての貨幣単位ソルドから)。
2) **chiedendosi**　chiedersi〔再帰動詞〕は、「自問する, 考える」。
3) **ai primi sentori della peste**　ペストの最初の兆候が出始めたときに (マンゾーニ原作 第35章)。

Capitolo
Nove

　レンツォは、死体が山と積まれた大八車に飛び乗って、暴徒と化した群衆から難を逃れた。車の上では死体運搬人(モナット)たちが所狭しと大酒を喰らっている。彼らは最初、レンツォのことを本物の塗り屋さま、つまり自分たちに病人を調達してくれるお方なのだと思ったんだね。それが、ただのしがない若造とわかるや態度をがらりと変え、なんの値打ちもない「塗り屋小僧」扱いした。

　ならず者どもにうんざりしたレンツォは車を降りて自由の身となり、首尾よく避難所にたどり着いた。そして、こちゃごちゃした不潔きわまりないその場所で、生きているか死んでいるかもわからないルチーアをどうやって探し当てたものかと思いあぐねながら、あてどなく歩きまわった。

　すると、これはもう奇跡としか言いようがないんだけれどね、とある掘立小屋の扉の前で、クリストーフォロ神父に出会ったのだ。神父は、ペストの兆しが見えるとすぐ、病人たちの世話に身を捧げるために、ロンバルディアに戻る許可をとりつけた。そして神父もまた、彼を蝕(むしば)む病の兆侯が顔に現れている。わが身を顧みずにどれだけ骨身を削られたことか、それがありありとわかってレンツォはひどく心が痛んだ。

---

4) <u>Cosa che aveva fatto senza risparmiarsi</u>, comprese dolorosamente Renzo.　主語 Renzo と目的語（下線部）の倒置。risparmiarsi は「自分の身体を気遣う」。主動詞 comprese は comprendere「理解する」の直説法遠過去。

La Storia de I Promessi Sposi
raccontata da Umberto Eco

23

Padre Cristoforo non aveva più saputo nulla di Renzo e di Lucia dopo che era stato trasferito, e anche Renzo non sa bene molte delle cose che nel frattempo sono accadute alla sua fidanzata. Disperato, dice solo a padre Cristoforo che se non la ritroverà viva, "saprà ben lui cosa fare[1]". E dal suo sguardo, padre Cristoforo capisce che Renzo pensa ancora a vendicarsi di don Rodrigo. E allora, severo, quasi furibondo, lo afferra per un braccio e lo porta dentro alla capanna.

Sul fondo, quasi irriconoscibile, col volto coperto di pustole, don Rodrigo sta morendo.

Si era accorto di avere un orrendo bubbone una notte, tornando da una serata di bisboccia coi suoi amici. Nel terrore di essere menato al lazzaretto, aveva incaricato il Griso, ricordandogli tutti i benefici di cui lo aveva colmato, di andare a cercare segretamente un medico compiacente[2]. Ma dopo poco gli erano entrati in casa due monatti, e si era reso conto che il Griso, degno servo di tanto padrone[3], lo aveva venduto, e già stava scassinando i suoi cassetti per dividersi il denaro coi due figuri in abiti rossi, che lo menavano via come se fosse già cadavere. Per inciso[4], anche il Griso sarebbe morto subito dopo, perché aveva toccato gli abiti del padrone nello sforzo di trovargli in tasca ancora qualcosa, ma della sua sorte non ci preoccuperemo molto perché ha avuto quel che si meritava.

脚注

1) **saprà ben lui cosa fare**　動詞は saprà と直説法未来形だが、「きっとわかるだろう」といった単なる未来の動作ではなく、「当然のなりゆきとしてそうなるだろう」という必然の行く末を表す〈強意〉のニュアンスがある。ben については p.122 脚注 5 参照。

2) **un medico compiacente**　compiacente〔形容詞〕「（軽蔑をこめて）思いのままにできる、金でつりやすい」。un と不定冠詞がついて、特にどの医師と特定されていないが、マンゾーニの原文では、"Sai dove

Capitolo
Nove

　左遷された後、レンツォとルチーアがどうしているか、クリストーフォロ神父は何ひとつ知る術がなかった。レンツォにしたって、このところ、自分の婚約者の身に何が起こっているのか、詳しいことはわからないままだ。捨て鉢のレンツォは、生きた彼女に出会うことができなければ「何をすべきかはこの自分がよくわかっている」と、クリストーフォロ神父だけにこっそり打ち明けた。その目つきから、レンツォがまだドン・ロドリーゴに復讐するつもりでいるのを読みとった神父は、激しい怒りにかられたかのように厳しいそぶりで若者の腕をつかむと、小屋のなかへと連れて入った。

　小屋の奥にはブツブツだらけの顔がある。だれなのかほとんど見分けはつかなかったが、そこで死にかけているのはドン・ロドリーゴだった。

　ある夜、友人たちとの宴の夕べから帰宅したとき、ドン・ロドリーゴは恐怖のリンパ腺腫に気がついた。避難所送りになるのを恐れるあまり、手下のグリーゾを呼びつけてこれまでに施してやった山のような恩義をひとつひとつ列挙して思い出させたあげく、金さえ出せば言いなりになる医者をこっそり連れて来いと送りだした。ところが、ほどなくして家に入りこんできたのは、なんとふたりの運搬人ではないか。この主にしてこの手下あり。ドン・ロドリーゴは、グリーゾが自分を売りとばしたことを察した。グリーゾときたら、はやくもドン・ロドリーゴの引き出しをこじ開けて、分捕った金の分け前を赤い服の男ふたりにくれてやっている。男たちはドン・ロドリーゴを、あたかももはや死体であるかのごとく手荒に運び出していった。ちなみに、グリーゾもまた、このあとまもなく死ぬことになるんだよ。だって、ポケットにまだ何か残っていやしないかと無我夢中で探したときにご主人の服に触っているんだからね。でも、こんな奴がどうなろうと、私たちが心配してやることなんかないさ。当然の報いだもの。

---

　　sta di casa il Chiodo chirurgo?"「外科医キオードの家がどこか知っているか？」と医師を指名している（第33章）。
3) **degno servo di tanto padrone**　degno di ～「～にふさわしい」。tanto は「同じような、そのような」
　⇒ そうした主にふさわしい召使いであるグリーゾ
4) **per inciso**　「ついでに言っておくと」

La Storia de I Promessi Sposi
raccontata da Umberto Eco

 Padre Cristoforo mostra don Rodrigo a Renzo come per dirgli: "Vedi che il Signore ha pensato lui a punire questo sciagurato, senza aspettare te? E tu lascia perdere la tua ira e il tuo odio e sappi perdonare questo moribondo.[1]"

 E Renzo perdona. Ormai libero dall'odio (perché odiare è un gran peso), si aggira per il lazzaretto cercando Lucia. E, altro miracolo!, la trova, ormai guarita, in una capanna dove assiste un'altra malata in via di guarigione.

 Lucia ha un moto di gioia vedendolo, poi si ricorda del suo voto, e si ritrae[2]. Renzo le grida che lei non aveva diritto di fare un voto che impegnava anche lui. Lucia disperata dice che non può tornare indietro, e Renzo la trascina nella capanna di padre Cristoforo. Qui, il buon cappuccino spiega a Lucia quello che Renzo, anche se rozzo montanaro, ma reso saggio dal suo amore, aveva ben capito: "Non puoi fare un voto anche a nome di un'altra persona[3]. Tu, Lucia, potevi anche decidere di non sposarti mai, ma non dopo che ti eri promessa a Renzo[4].

脚注

1) **tu lascia perdere 〜 e sappi perdonare questo moribondo**　lascia, sappi はともに命令法だが、主語代名詞 tu を補っている。「おまえは」〜であるべきだ、という主語の強調。lasciare perdere は「そのままに放置する」、補助動詞 sapere は次に不定詞 perdonare を従えて「（力量として）〜することができる」⇒「許す術を心得る」。
2) **si ritrae**　ritrarsi には「身を引く」と「後ずさりする」、両方の意味がある。マリア様への「誓い」に相変わらずこだわり続けるルチーアは、そんな誓いには意味がないと主張するレンツォと口論を交わしたのち、

Capitolo Nove

クリストーフォロ神父はレンツォにドン・ロドリーゴの姿を示す。まるでこう言っているみたいだ。「わかるだろう？ おまえを待たずとも、神さまがご自分の手で、この憐れな男を罰することにされたのだよ。おまえが怒ることはない。憎しみを忘れなさい。死に瀕したこの男を許してやる度量を持つべきだ」

レンツォは彼を許す。憎しみはもはや跡形もなくなって（人を憎むっていうのは、かなりしんどいものだからね）、ルチーアを探し求めて避難所を歩きまわる。すると、またしても奇跡が起こった！ ルチーアが見つかったのだ。すでに治癒した彼女は、とある小屋で、快復に向かう別の女性の看護をしていた。

彼の姿を目にしたルチーアはどんなに嬉しかったか。けれども、自らの誓いを思い出して後ずさりする。レンツォは、彼にもかかわりがあることなのに、勝手にそんな誓いを立てる権利はなかったはずだと言って、ルチーアにくってかかる。絶望の淵に落ち込んだルチーアは、もう元へは戻れないと言うしかない。レンツォはルチーアを、クリストーフォロ神父のいる小屋へと引っぱって行った。そこで、善きカプチン派修道士は、ルチーアに諭した。それは、レンツォが無骨な田舎者ではあっても、愛するがゆえに知恵が働くおかげで正しく理解していたことだった。「自分以外の人の分まで誓いを立てることはできないのだよ。おまえはね、ルチーア、決して結婚はしないと決意することも、そりゃできたかもしれない。でもな、レンツォと結婚の約束をしたあととなっては、もうだめだ。

世話をしている女性の病床のほうへと「引き下がる」（マンゾーニ原作 第36章）。
3) a nome di ~ 　（人）に代わって
4) dopo che ti eri promessa a Renzo 《promettersi a ~》人と結婚の「約束を交わす」ことには、聖母マリアへの誓いと同等の、否むしろそれ以上の重みがあるという神父の教え。原書のタイトル《I promessi sposi》「約束を交わしたカップル」はここに由来している。

La Storia de **I Promessi Sposi**
raccontata da Umberto Eco

🔊24
Insomma, non avevi il diritto di decidere tu da sola anche per Renzo. E quindi, per i poteri conferitimi dalla Chiesa[1] in quanto sacerdote, io ti posso sciogliere dal tuo voto. Se tu lo desideri e me lo chiedi."

Quest'ultima frase padre Cristoforo l'aveva detta, immagino, con una certa bonaria malizia[2]. Cioè, chiedeva a Lucia: "Se non fosse per il voto, avresti altri motivi per non voler sposare Renzo?" E Lucia, malgrado tutto il suo pudore, e con tutta quella timidezza che ce l'aveva fatta credere una santarellina incapace di grandi passioni[3], dice subito che altri motivi non ne ha e, sia pure tra molti rossori, lascia capire che di sposare Renzo lei muore dalla gran voglia[4].

Che dire? È bene tutto quel che finisce bene, padre Cristoforo si accommiata dai due giovani, che sanno benissimo che non lo vedranno più su questa terra; essi tornano al loro villaggio, ricongiungendosi con Agnese. Don Abbondio nicchia ancora prima di unirli in matrimonio, finché non è sicuro che don Rodrigo sia davvero morto, e si convince solo quando nel suo palazzo viene a risiedere il suo erede, che tra l'altro è una bravissima persona e imbandisce per gli sposi un bellissimo pranzo di nozze.

脚注

1) **i poteri conferitimi dalla Chiesa** conferito は conferire の過去分詞 conferito と間接目的語代名詞 mi が結合した形。形容詞として名詞 poteri を修飾している。
2) **Quest'ultima frase 〜 con una certa bonaria malizia** エーコらしい悪戯心を覗かせるコメント。「もしかしてほかに好きな男でもできたのかね」あるいは「こいつはいいやつだけれど、おまえさんがミラノで暮らすうちに、ちょっとダサイところが鼻についてきてしまったかい？」といった含みが読みとれる。マンゾーニの原文ではただ、「マリア様への誓いのほかには、おまえがレンツォとの約束を守りたくない理由は何

Capitolo
Nove

　つまり、レンツォの分まで、おまえがひとりで決める権利はなかったってことだ。さて、どうしたものか。わしには聖職者として教会から授けられた権限がある。この権限によって、わしがおまえを誓いから解いてあげよう。もっとも、おまえにそうしてほしい気があって、それをわしに頼んだら、の話だけれどね」

　この最後のひと言を、クリストーフォロ神父は、きっと優しく、でもちょっと悪戯っぽく言っただろうなって私は思うんだ。だってルチーアに、「誓いのことはさておいて、おまえがレンツォと一緒になりたくない理由が、ひょっとしてほかにも何かあるのかな？」って尋ねているんだもの。ルチーアは、ほかの理由なんてありませんと、きっぱり言い切った。これまでのことから私たちが抱いてきたのは、ものすごく慎み深くて内気な性格の、情熱に身を任せるなんてありえない信仰心の篤い清純な乙女のイメージだよね。それが、びっくりするような断言口調だったんだ。顔をかなり赤らめてはいたけれど、レンツォと結ばれたい一心で焦がれ死にそうだっていうことがよくわかった。

　さてと、もう何も言うことはないよね？　終わりよければすべてよし。クリストーフォロ神父は若いふたりに別れを告げる。ふたりは、この世ではもう二度と神父に会うことはないと、痛いほどよくわかっていた。この後、ふたりは故郷の村に戻ってアニェーゼのもとへ身を寄せる。アッボンディオ司祭ときたら、ドン・ロドリーゴが本当に死んだことをしっかり確かめるまでは、ふたりを結婚させてやるのをまだぐずぐず躊躇していたんだよ。ドン・ロドリーゴの館に彼の相続人が住まうことになってようやく、これで大丈夫と納得したんだ。この相続人がまたことのほか立派な人物で、新郎新婦のためにすばらしい披露宴まで催してくれた。

　　もないね？」と念を押すのみ。（第36章）
3) malgrado tutto il suo pudore, e con tutta quella timidezza 〜 incapace di grandi passioni
　　彼女をsantarellina incapace di 〜 と私たちに思わせてきたあれほどのpudoreとtimidezzaにもかかわらず。
4) lascia capire che di sposare 〜 gran voglia　「che以下のことが自然に理解される」。che lei muore dalla gran voglia <u>di sposare Renzo</u> となるべきところ、強調のため、下線部が接続詞cheの直後に倒置されている。

131

Renzo e Lucia con Agnese, si trasferiscono definitivamente nel bergamasco, dove a poco a poco Renzo avvia una piccola filanda tutta sua, non trascurando di mettere al mondo una nidiata di bambini, tutti nipotini di Agnese che gli stampava sulle guance dei baci da lasciare il segno.

Col che[1] la storia sarebbe finita, se non sorgesse una domanda. Ovvero, la domanda sorge a me che la storia l'ho raccontata, vorrei farla al signor Alessandro che l'aveva raccontata a me, ma dovrebbe riguardare anche voi che mi leggete, almeno se questa storia non vi ha annoiato[2].

脚注

1) **col che** con il che 定冠詞つきの関係代名詞 il che の先行詞は、前の段落で語った「そのこと」。つまり、レンツォとルチーアの結婚が幸せな展開を見せたこと。

Capitolo Nove

レンツォとルチーアはアニェーゼとともに、最終的にはベルガモのほうへと居を移すことになる。そこで、しばらくするとレンツォは、小さな紡績工場を自分ひとりで立ちあげ、そして子どもたちをたくさん世に残すことも、おざなりにはしなかった。大勢の孫たちに囲まれたアニェーゼは、孫たちのほっぺたに、跡が残るくらい心のこもったキスをしたものだ。

　これで、この物語はおしまい、ってことになりそうだね、もしも質問が何も出てこなければね。実は、物語を語ってきたこの私に、質問が湧いてきたんだ。物語を私に語ってくれたアレッサンドロさんに、私からひとつ質問をさせてもらいたい。それはきっと、私の物語を読んでくれたみんなも、尋ねてみたいと思っていることなんじゃないのかな。少なくともこの物語を、たいくつしないで読んでくれたとすればね。

---

2) se questa storia non vi ha annoiato　「この物語があなたたちをたいくつさせなかったのならば」。この部分は、マンゾーニ自身の〈詰び〉のパロディー。「第9章後半の登場人物と解説」p.121参照。

La Storia de I Promessi Sposi
raccontata da Umberto Eco

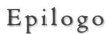

Epilogo

La domanda è: qual è il sugo¹ di questa storia? È vero che ci sono anche storie senza sugo, ma una storia lunga e complicata come questa dovrebbe avere una morale, visto che ce l'hanno persino le fiabe, che pure son cortissime. Perché il signor Alessandro ha voluto raccontarci questa vicenda?

A ripensare bene a quel che² ci ha raccontato, sembra proprio che il signor Alessandro parteggi per i poveretti, sempre vittime di ingiustizie, e non sia tenero coi cattivi³. E così noi, credo: c'è forse qualcuno di voi che ha tifato perché il campionato lo vincesse don Rodrigo⁴?

脚注

1) **sugo** 「パスタソース」としてお馴染みの言葉だが、もともと「果汁」「肉汁」などそのもの本来の味が凝縮したもの。そこから「エッセンス」「核心」の意味。物語の sugo なら「言いたいこと」。この言葉は、マンゾーニ自身も最終章の〆の部分で使っている（第9章後半の登場人物と解説 p.121 参照）。*Questa conclusione [...] che abbiam pensato di metterla qui, come il sugo di tutta la storia.*「この結末 [...]、これを物語全体の sugo として [...] 最後に提示することにした」。

2) **quel che (= quello che)** 全体で先行詞を含む関係代名詞「che 以下のこと」。quello の -lo の部分がトロンカメントにより切断されている。

エピローグ

質問です：この物語のエッセンス、この物語が言いたいことって、何なんですか？たしかに特にこれが言いたいっていうものがないお話だってあるけれど、でも、こんなに長くて込みいった物語なら、何か教訓みたいなものがきっとあるはず。だって、ものすごく短いおとぎ話にだって何か教訓があるくらいですもの。アレッサンドロさんが私たちにこのできごとを語りたいと思われたのは、どうしてなんですか？

　彼が語ってくれたことをもう一度よく考え直してみよう。アレッサンドロさんは、いつも不正の犠牲となる弱い立場の人たちの味方で、悪者どもには優しくしないように見える。私たちだってそうだよね。みんなのなかにひょっとして、ドン・ロドリーゴに勝利者になってほしいって彼を応援した人、だれかいるかな？

---

3) **parteggi per ~ coi cattivi**　parteggiare per ～「～に味方する」。essere tenero con ～「～に対して優しい」。con i → coi。parteggiare, essere とも、主節の動詞 sembra に呼応して接続法になっている。
4) **c'è forse qualcuno di voi che ha tifato perché il campionato lo vincesse don Rodrigo?**
　tifare は「サポーターとして応援する」。perché + vincesse〔接続法〕は〈目的〉を表し、「～をドン・ロドリーゴが勝ち取るように」。目的語 il campionato（選手権大会）を代名詞 lo で反復している。「che 以下のような人はまさかいないだろう」という反語。

La Storia de I Promessi Sposi
raccontata da Umberto Eco

 Però, sin quasi alla fine[1], i poveretti sono sul punto di perdere la partita. È vero che il Cardinale ha messo Lucia a pensione da una brava signora e l'Innominato le ha persino dato una dote; ma Lucia non poteva ancora tornare a casa, dove don Rodrigo l'aspettava come un avvoltoio appollaiato su un ramo; don Abbondio continuava a morire di paura[2] malgrado la sfuriata del Cardinale; Renzo rimaneva esule nella Repubblica di Venezia; e in ogni caso Lucia non poteva più sposarlo.

 Insomma, a parte l'Innominato, che era diventato buono, i cattivi stavano ancora benissimo, mentre i buoni, poveretti loro, non erano neppure riusciti a cambiare la loro situazione facendo una sommossa[3], perché la sommossa era rientrata[4], quattro disgraziati erano stati impiccati, e i padroni erano rimasti quelli di sempre. Il signor Alessandro sembra amare molto i poveretti, ma certo non sa proprio come aiutarli a far valere i loro diritti. E siccome, per l'appunto, era un cristiano assai fervente, tutti hanno detto che la sua morale era che bisogna rassegnarsi e sperare solo nella[5] Provvidenza[6].

脚 注

1) **sin quasi alla fine**　sin は sino の -o のトロンカメントによる切断。sino a は fino a と同義。
2) **don Abbondio continuava a morire di paura**　アッボンディオ司祭が、当然ながら〈poveretti〉の側に分類されていることに注目しよう。
3) **facendo una sommossa**　ジェルンディオ facendo は「～しても」(譲歩)。

Epilogo

　それはともかく、終盤戦も終わりかけようっていうところまで、弱い立場の人たちはすんでのところで試合に負けそうだった。たしかに、ルチーアは、枢機卿のおかげで立派な女性のもとにあずけてもらえたし、インノミナートから結婚資金まで贈ってもらった。それでも、ドン・ロドリーゴが枝に止まったハゲタカみたいに待ぶせしているから、ルチーアはなかなか故郷には戻れなかった。アッボンディオ司祭は、枢機卿にあれだけ厳しく叱られても、臆病はあいかわらず治らなくて、死ぬほどびくびくのしどおしだ。レンツォはお尋ね者の身だからヴェネツィア共和国内に足止めされたままだ。これじゃもう、どうしたって、ルチーアは彼と結婚なんて、できっこないよ。

　要するに、善人になったインノミナートを別にすれば、悪人たちはずうっとお気楽三昧の暮らしをしてたってわけだ。一方、善き人びと、すなわち力もお金もない人たちのほうは、暴動を起こしたところで何ひとつ変えることはできなかった。けっきょく圧力に屈して元のもくあみ。運の悪い4人が絞り首になり、ご主人どもは相変わらず昔のまんまだった。アレッサンドロさんは弱い人たちを深く愛しているようだけれども、でも、どうしてあげれば、弱い人たちが、自分たちの当然の権利を守れるようになるのか、どうやって助けたらよいのか、その方法はわからなかったんだね。そこで、アレッサンドロさんがとても熱心なキリスト教徒だという理由で、だれもがこんなふうに言ってきた。彼の教訓はこれだ：肝心なのは、諦めること、神の御意だけに望みを託すことである、と。

---

4) **era rientrata**　rientrare（場所の副詞なしで）元の状態に戻る。
5) **sperare in ~**　「~を信じる、~に望みを託す」。
6) **Provvidenza**　神意、神の摂理

La Storia de I Promessi Sposi
raccontata da Umberto Eco

E infatti alla fine la Provvidenza arriva. Ma con le vesti della Peste.

La Peste è come una scopa, che spazza via tutto lo sporco: fa morire don Rodrigo e il Griso, ridà la tranquillità a don Abbondio, fa dimenticare le sommosse così[1] che nessuno penserà più a cercare Renzo, fa rincontrare Renzo e Lucia eccetera eccetera. Insomma, tutto finisce bene, ma a quale prezzo!

Questa Peste-Provvidenza[2] fa morire due terzi dei milanesi, manda all'altro mondo, sia pure in Paradiso, padre Cristoforo e tante altre brave persone che non c'entravano[3]. E se Renzo e Lucia dovessero ringraziare la Peste per averli aiutati, dovrebbero ammettere che la Provvidenza è una forza terribile, che non guarda in faccia a nessuno, e talora sbatte buoni e cattivi tutti nella stessa fossa.

Io non credo che il signor Alessandro pensasse a una Provvidenza feroce, ma certo non era un ottimista. Alla Provvidenza lui credeva, ma sapeva che la vita è dura e crudele, e la Provvidenza può consolare o procurare grande affanno. E, siccome non può accontentare tutti, fa quello che fa secondo piani che noi non riusciremo mai a capire.

脚注

1) **La Peste [...] fa morire 〜, ridà 〜, fa dimenticare le sommosse così che 〜**　La Peste が 3 つの動詞 fa morire, ridà, fa dimenticare の主語。最後のレンツォのくだりの così che 〜 は接続詞句「〜となるように」「従って〜となった」。

Epilogo

　事実、最後になって神の御心が姿を現す。それも、ペストという衣装をまとってのことだった。

　ペストは箒みたいに、汚れたものを何もかも掃き飛ばした。ドン・ロドリーゴとグリーゾを死なせてくれたから、アッボンディオ司祭はようやく胸を撫でおろすことができた。暴動のことを忘れさせてくれたから、お尋ね者のレンツォを追跡しようなどともう誰も考えなかった。そのおかげで、ルチーアとの再会がかなった、などなど。つまり、ハッピーエンドが待っていたってわけだ。しかし、それまでにどれほどの犠牲が払われたことか！

　神が送りこまれたこの疫病は、ミラノ住民の3分の2を死にいたらしめた。クリストーフォロ神父をはじめとするなんの罪もない立派な人々を大勢、天国とはいえあの世に送ってしまったのだ。レンツォとルチーアが自分たちを助けてくれたペストに感謝しなくてはならないとしたら、神の御心がいかに酷い力であるかということも、認めないわけにはいかないだろうね。ひとりひとりの顔を正面から見据えることなく、ときには善きも悪しきも十把一絡げに同じ穴に葬り去ってしまうんだもの。

　私は、アレッサンドロさんが、神意を残忍なものと考えたとは思わない。でも、彼がオプティミストでなかったことは確かだね。神の御心は信じていたけれども、人生がつらく過酷なものであること、そして、神が、耐えがたい苦悩を和らげてくださることもあれば、また逆にそれをわざわざ用意なさることもある、それが彼にはわかっていたんだ。すべての人を喜ばせるのはどだい無理な話だから、神さまは、私たちがどう頑張っても理解できない計画を立てて、それに従って為すべきことを実行しておられる、ということがね。

2) **Peste-Provvidenza**　「神意としてのペスト」。
3) **non c'entravano**　non entrarci「何の関係もない」。

Così, raccomandandoci di aver fiducia nella Provvidenza, in effetti il signor Alessandro si è limitato a incoraggiarci a voler bene agli indifesi, e a fare come i buoni che nella sua storia li hanno aiutati. Vedete, par che ci dica, anche se il mondo non è bello, e io non vi ho nascosto nessuna delle sue brutture, drammi, dolore e morte, se la gente riesce ad avere un po' di compassione dei propri simili, questo mondo apparirà un pochino, anche se solo un pochino, meno brutto[1].

Di più questa storia non ci insegna. E di più il signor Alessandro non ci dice. E forse è per questo che, come vi raccontavo all'inizio, aveva la faccia buona di un cavallo triste[2].

Questo libro è dedicato a Pietro[3]

脚注

1) **anche se il mondo ~ morte, se la gente riesce ~ simili, questo mondo apparirà ~ meno brutto**　長い文章だが、メインは後半の se la gente ~ meno brutto「もしも人々が~すれば、この世が若干見苦しくなく見えるだろう」この全体に、その前の anche se ~ の譲歩節がかかる。
2) **come vi raccontavo all'inizio, aveva la faccia buona di un cavallo triste**　「最初にきみたち

　こんなふうにしてアレッサンドロさんは、神の御心を信じることを私たちに求めている。でも実際のところは、力のない無防備な人を愛しなさい、この物語のなかで彼らを助けた善き人たちを見倣いなさい、と私たちに奨める以上のことはしていないんだ。むしろ、こんなふうに言っているみたいには思えないかな？　この世は美しくないのだから、その醜悪さ、悲劇、苦悩、そして死の何ひとつ、私は隠しだてしなかった。でも、もしも人々が自分たちの同胞にいくばくかの思いやりを持つことができるとしたら、この世は、ほんのちょっぴり、ほんのちょっとだけにしても、醜悪な様相は薄れるんじゃないのかな、と。

　これ以上のことを、この物語は私たちに教えていない。これ以上のことを、アレッサンドロさんは私たちに言っていない。最初にみんなに言ったけれど、彼がちょっと寂しげな馬みたいな優しい顔立ちをしていたのは、たぶん、きっとそのせいだよ。

この本をピエートロに捧げる

に言ったとおり、彼はちょっと寂しげな馬みたいな優しい顔立ちをしていた」と、ここで物語の冒頭の表現に戻る（第1章 p.14-15）。
3) **Pietro**　ウンベルト・エーコの孫

La Storia de I Promessi Sposi
raccontata da Umberto Eco

DA DOVE VIENE QUESTA STORIA

Qualche adulto, vedendo che leggete questa storia, vi dirà di fermarvi qui perché *I promessi sposi*, il libro vero scritto da Alessandro Manzoni, è una gran pizza[1], noioso e illeggibile. Non dategli ascolto[2]. Molti pensano che *I promessi sposi* sia noioso perché sono stati obbligati a leggerlo a scuola verso i quattordici anni, e tutte le cose che facciamo perché siamo obbligati sono delle gran rotture di scatole[3]. Io questa storia ve l'ho raccontata perché mio papà mi aveva regalato il libro *prima*, e così me lo ero letto[4] con lo stesso piacere con cui leggevo i miei romanzi d'avventure. Certo, era più impegnativo[5], certe descrizioni sono un poco lunghe e si incomincia a gustarle dopo averle lette due o tre volte, ma vi assicuro che il libro è appassionante. Non so se oggi a scuola lo fanno ancora leggere; se avrete la fortuna di non doverlo studiare, quando sarete grandi provate a leggerlo per conto vostro[6]. Ne vale la pena[7].

脚注

1) **una gran pizza**　pizza には「つまらないもの」の意味がある。
2) **Non dategli ascolto**　dare ascolto a ~「~に耳を貸す」。
3) **rotture di scatole**　(箱を壊すこと→) 面倒、うんざりさせるもの。
4) **me lo ero letto**　leggere の近過去が目的語代名詞 lo を伴う形として、単純に l'ho letto と近過去でもよさそうだが、お父さんにプレゼントしてもらって「学校で読むよりも前に読んでいた」という時間差を示すために直接法大過去にしている。それなら l'avevo letto でもよいはずだが、ここは leggersi という再帰動詞

この物語は どのように誕生したか

　おとなのなかには、きみたちがこの物語を読んでいるのを見て、もうやめなさい、って言う人がいるかもしれないよ。アレッサンドロ・マンゾーニが書いた本物の『いいなづけ』ときたら、それはそれはつまらなくてたいくつで読めたものじゃないから、ってね。そんなことを言われても、気にすることなんかないよ。14歳くらいのときに学校で無理やり読まされたものだから、『いいなづけ』はたいくつだと思っている人がたくさんいるんだ。義務として押しつけられると、なんだってうんざりするものだからね。私がこの物語をきみたちに語ったのはね、お父さんが、私が学校で読む前にプレゼントしてくれた本だったからなんだ。私はこの本を、それまで読んでいた冒険小説と同じくらい楽しく読んだものだよ。もちろん、冒険小説みたいにすらすらとは読めなかったし、ちょっと長ったらしい描写もあるから、2、3回読んだあとでようやくおもしろさがわかるっていうところもあるけれど、でも、わくわくする本だっていうことは保証するよ。今も学校で読まされているのかどうか知らないけれど、もしも運よく教室で勉強させられなくてすむのだったら、大きくなったときに、是非、自分で読んでみてほしい。ぜったい損はしないから。

にして「自分のために」「自分が読みたいから」読む、というニュアンスを出している。再帰動詞なので助動詞は essere。mi ero letto のあいだに本を受ける代名詞 lo が挿入されている。
5) **più impegnativo (dei romanzi d'avventure)**　冒険小説よりも《読むのに》骨が折れる
6) **per conto vostro**　あなたたちの意志で
7) **Ne vale la pena**　vale la pena di ～「～するだけの値打ちがある」。

La Storia de I Promessi Sposi
raccontata da Umberto Eco

Alessandro Manzoni, per scrivere questa storia, ci ha messo vent'anni. Ha iniziato nel 1821 (pensate, quasi duecento anni fa[1]) e ha finito nel 1840. La prima storia è apparsa nel 1823 come *Fermo e Lucia*; ma Manzoni non ne era soddisfatto, e si è messo a riscrivere il romanzo che è uscito come *I promessi sposi* nel 1827. Ma anche lì, nonostante il grande successo del libro, Manzoni non era contento. Ci ha messo una dozzina d'anni e l'edizione definitiva è uscita tra 1840 e 1842, con bellissime illustrazioni che Manzoni ha discusso una per una con il disegnatore, Gonin[2].

In questa edizione Manzoni ha voluto migliorare la lingua e si è ispirato all'italiano che si parlava a Firenze (diceva di avere "risciacquato i panni[3] in Arno") per riuscire a farsi capire in modo chiaro e comprensibile da tutti gli italiani, che allora parlavano tante forme di italiano diverse[4].

Ma questa edizione aveva anche delle ragioni economiche. Infatti all'epoca non erano chiare le leggi sul diritto d'autore, per cui chi ha scritto un libro dovrebbe essere protetto da un contratto e prendere almeno il dieci per cento su ogni copia venduta. Se qualcuno ripubblica l'opera senza dire niente all'autore, e quindi senza dargli neppure un soldo, abbiamo quella che si dice una *edizione pirata*.

脚注

1) **quasi duecento anni fa** 本書《La storia de I Promessi Sposi raccontata da Umberto Eco》の出版は2010年。
2) **Gonin** フランチェスコ・ゴニン (1808-1889)。本書「はじめに」と第1章〜第9章の「登場人物と解説」、「おわりに」に掲載した挿絵（版画）は、ゴニンを中心とする数名の画家と版木を彫るチームによるもの。

Epilogo

　アレッサンドロ・マンゾーニは、この物語を書くのに20年もの歳月をかけた。書き始めたのは1821年で（ほとんど200年も昔のことなんだよ）、書き終えたのは1840年。最初の物語は『フェルモとルチーア』というタイトルで1823年に出版された。でも、マンゾーニはこの作品がどうもしっくりこなくて、書き直しを始めた。その修正版が『いいなづけ（婚約者たち）』として1827年に世に出たわけだ。ところがこのときも、本は大成功をおさめたのに、マンゾーニはまだ納得がいかなかった。そこで、さらに12年ほどを費やして、1840年から1842年にかけて決定版を上梓した。すばらしい挿絵入りだが、これはマンゾーニが、イラストレーターのゴニンと、1枚1枚入念な議論を重ねた結果、生まれたものなんだよ。

　この版でマンゾーニが目指したのは、言語のヴァージョン・アップだった。イタリア全土の人に理解してもらえる言語として、フィレンツェで話されていたイタリア語にヒントを見つけたんだ（本人は「アルノ川で言葉の洗濯をした」と言っていた）。この時代には、地方ごとに異なるイタリア語が話されていたからね。

　しかし、この版が出版されたのには、ほかに経済上の理由もあった。著作権法が、当時はまだあまり明確にされていなかったんだ。この法律によって、著者は、1冊につき最低10パーセントを受け取る権利が契約で守られているはずだ。ところが、どこかのだれかが著者への断りなしに勝手に印刷出版してしまうと、著者の懐には1銭たりとも入ってこない。これがあの「海賊版」て呼ばれるやつだよ。

3) **panni**　panni（衣類）は「言葉」の隠喩。
4) **tante forme di italiano diverse**　1861年のリソルジメント（イタリア統一）以前には、言語の地方差も大きかった。

La Storia de I Promessi Sposi
raccontata da Umberto Eco

　Ebbene, l'edizione del 1827 aveva avuto un tale successo che nello stesso anno ne erano state fatte otto edizioni pirata, e nel giro di dieci anni ne erano uscite ben settanta, per non dire delle traduzioni in altre lingue. Pensate, settanta edizioni, un sacco di gente che legge il libro e dice "quanto è bravo questo Manzoni" e il povero Manzoni non vede il becco di un quattrino[1].

　Per cui Manzoni si era detto: "ora ne faccio una nuova edizione, la faccio uscire un fascicolo alla settimana, con illustrazioni che nessuno potrà copiare facilmente, e così sistemo i pirati!"

　Niente da fare: un editore di Napoli era riuscito a fare uscire fascicoli pirata quasi nelle stesse settimane, e anche lì Manzoni, che aveva fatto stampare un gran numero di copie, non solo non ha guadagnato niente, ma ci ha rimesso del suo[2] per le spese di stampa. Meno male che era di buona famiglia, anche se non era molto ricco, e non è morto di fame.

脚注

1) **non vede il becco di un quattrino**　becco は「くちばし」「先端」。un quattrino「わずかな金」の先っぽすら目にすることがない。

Epilogo

　ところで、1827年版もそれなりの成功をおさめていたから、その年のうちに海賊版が8版も出版された。その後10年のあいだに、外国語への翻訳版は別にして、実に70種類もの海賊版が出まわったのだ。いいかい、70種類だよ。ものすごい数の人がこの本を読んで「マンゾーニって、なかなかいけるじゃないか」と言っていたのに、マンゾーニの懐には、気の毒に一銭たりとも入ってこなかった、っていうことだ。

　そこでマンゾーニは考えた。「こうなったら、新しい版を作ってやろう。分冊にして毎週1冊ずつ刊行する。しかも、だれもおいそれとは真似できないようなイラストをつける。海賊版なんぞ、やっつけてみせるぞ！」

　しかし打つ手はなかった。ナポリのとある出版業者が、分冊の海賊版をオリジナル版刊行とほぼ同じ週のうちに出版したのだ。大量の冊数を印刷させたのに、またしてもマンゾーニの懐には何も入ってこなかった。それどころか、印刷の費用は、彼が自腹を切ってまかなっていたのだからたまらない。大金持ちというわけではないけれど、良家の出だったからよかったよ。食いっぱぐれなくてすんだんだもの。

---

2) **ci ha rimesso del suo**　「自腹を切った」。rimetterci は「損害を被る」。suo は suo denaro。del は部分冠詞。

La Storia di I Promessi Sposi
raccontata da Umberto Eco

29

Perché Manzoni, che sino ad allora aveva scritto bellissime poesie e drammi in versi[1], aveva dedicato tanto tempo a questa storia, che pareva una storia da niente, di due fidanzati che fanno fatica a sposarsi, ma poi se la cavano[2]? E perché una storia che si svolgeva nel mille e seicento, e cioè in un secolo lontano non solo da noi ma anche dai lettori di quell'epoca? Ma Manzoni era, oltre che un grande scrittore, un buon patriota; in quegli anni l'Italia era ancora divisa, e la Lombardia dove lui viveva era dominata dagli austriaci. Erano gli anni del Risorgimento, terminato con l'unificazione dell'Italia come nazione, e avrete sentito dire che si stanno celebrando i cento e cinquant'anni dell'unità d'Italia[3]. E Manzoni, raccontando la storia di una Lombardia dominata dagli stranieri[4] (che ai tempi della sua storia erano spagnoli e non austriaci) stava raccontando vicende che i suoi lettori sentivano molto simili alle loro.

Questo spiega in parte il successo del libro, ma non si capisce perché avesse appassionato anche gli stranieri, o perché la storia sia stata ripresa negli anni seguenti dal cinema, dalla televisione e persino dal fumetto (ricordate Topolino, *I promessi topi*?[5]). È che si tratta di una bella storia, altro che storie[6].

―― 脚注 ――

1) **Manzoni ~ poesie e drammi in versi** マンゾーニが書いた詩には《Inni sacri 聖歌》(1812-1817)、《Il cinque maggio 5月5日》、劇詩 (韻文による戯曲) には《Il Conte di Carmagnola カルマニョーラ伯爵》(1820)《Adelchi アデルキ》(1822) などがある。

2) **se la cavano** cavarsela「なんとか切り抜ける」。

3) **avrete sentito dire ~ l'unità d'Italia** イタリア国家統一150周年記念の催しが行われたのは2011年 (エーコ版の出版は2010年)。sentire dire ~ は「~と言われるのを聞く」。直説法先立未来 avrete sentito は過去の不確かなことの推測「きっと聞いただろう」。

148

Epilogo

　それまですばらしい詩や劇詩を書いていたマンゾーニが、いったいなぜ、この物語のためにこんなにも時間を費やしたのだろう？　ひと組のカップルが苦労したあげくになんとか結ばれるっていう、ただそれだけの、なんてこともない話じゃないか。そしてまた、いったいなぜ17世紀なんていう、今日の私たちからすればもちろんのこと、当時の読者からしたって遠い昔の時代の物語でなくてはいけなかったのだろう？　それはだね、マンゾーニが、大作家であると同時に、立派な愛国者でもあったからなんだ。当時、イタリアはまだ諸国分立の時代で、彼が暮らしていたロンバルディア地方は、オーストリアの支配下にあった。国家としてのイタリアの統一を目標とするリソルジメントの時代だったんだよ。イタリア統一150周年記念の催しの計画があることは、みんなもきっと聞いたことがあるよね。マンゾーニは、外国人（物語の時代はスペイン人でオーストリア人ではなかったけれど）に支配された時代のロンバルディア地方の歴史を語ることによって、当時の読者が強い親近感を抱きうるできごとを物語っていたわけだ。

　これで、この作品が成功をおさめた理由が、部分的には説明されたことになる。でも、それじゃどうして外国の読者まで夢中にさせたのか、それに後の時代になってまで、映画化されたりテレビで放映されたばかりか、漫画にまでなったのか、その理由の説明がつかない（ミッキーマウスの「いいなづけネズミ」《I promessi topi》を、みんな覚えているかな？）。これはつまり、『いいなづけ』が、でたらめなんかではない、本当にすばらしい物語だっていうことなんだよ。

---

4) **una Lombardia dominata dagli stranieri**　固有名詞 Lombardia の不定冠詞 una は、さまざまな歴史的局面を迎えたなかでの「ひとつの時代」の Lombardia のニュアンス。
5) **Topolino, *I promessi topi***　《Topolino》はイタリアで刊行されたディズニーのマンガ「ミッキーマウス」シリーズ。*I promessi topi*（1989年）はそのなかの1巻で *I promessi sposi* のパロディー。
6) **si tratta di una bella <u>storia</u>, altro che <u>storie</u>**　完璧な物語。storia「物語」の複数形 storie は「でたらめ」。trattarsi di ～は「～である」。essere とほぼ同義。

La Storia de I Promessi Sposi
raccontata da Umberto Eco

 Quando leggerete il libro vedrete anche che Manzoni fa finta di scopiazzare[1] un antico quaderno, scoperto quasi per caso: si tratta di una trovata[2] usata da molti romanzieri, per dare l'impressione al lettore che si tratta di una storia vera. Ma in realtà si è poi scoperto che molti dei personaggi di cui si racconta nel romanzo, dalla monaca di Monza all'Innominato, per non dire del cardinal Federigo e di altri, erano esistiti davvero.

 Infine, *I promessi sposi* rimane importante per i lettori italiani perché in Italia, nei due secoli precedenti, si erano scritti dei romanzi di scarso valore, mentre in Francia, in Inghilterra, in Germania apparivano romanzi grandissimi[3]. Ebbene, il libro di Manzoni è stato il primo grande romanzo italiano e ha avuto una influenza enorme su tutti gli scrittori che sono venuti dopo. Anche su quelli che lo hanno giudicato noioso.

U. E.

脚注

1) **fa finta di scopiazzare**　fare finta di 〜は「〜の振りをする」。scopiazzare は「そのまま書き写す」
2) **trovata**　思いつき、妙案
3) **mentre in Francia, 〜 apparivano romanzi grandissimi**　同じ頃、フランスではスタンダール、バ

原作を読むと、マンゾーニが、まるで偶然見つかった古いノートの記録をそのまま書き写したみたいな振りをしている、っていうことにも気がつくはずだ。これは、実際にあった話だということを読者に印象づけるために、たくさんの小説家たちが使ってきた見事な手法なんだよ。でも実は、フェデリーゴ枢機卿は今さら言うまでもないけれど、モンツァの尼僧からインノミナートにいたるまで、小説のなかで語られた登場人物の多くが、本当にいた人たちだったってことも、今では判明しているんだけどね。

　最後にひとこと。『いいなづけ』は、イタリアの読者にとって、変わることなく重要な作品であり続けている。その理由は、イタリアではそれまで200年のあいだ、長編小説っていうと、それほど価値ある作品が書かれてこなかったからなんだ。同じ頃、フランス、イギリス、ドイツではすぐれた長編小説がたくさん生まれたっていうのに。要するに、マンゾーニのこの作品は、イタリアで初めての偉大な長編小説であり、後世の作家たち全員に、計り知れない影響をおよぼしてきたわけだ。この小説をタイクツだと言い放った作家たちにもね。

U. E.

（おわり）

ルザック、ユゴー、デュマ父子、フロベール、イギリスではディケンズ、ブロンテ姉妹、ドイツではゲーテ、シラーが活躍していた。そしてロシアにはトルストイ、ツルゲーネフ、ドストエフスキーがいた。

おわりに

　第1章から第9章にわたるウンベルト・エーコが語る『いいなづけ』の物語もおわりを迎えました。物語が完結した後のエピローグ冒頭で、エーコは原作者マンゾーニに、いささか「失礼な」質問をぶつけています。「この物語のエッセンス、この物語が言いたいことって、何なんですか？」（p.134-135）。児童書とはいえ約90頁を費やして『いいなづけ』を語ったエーコが、ここに来て読者までいきなりはぐらかすような質問です。折に触れて時代背景を語りつつ、エーコも17世紀の歴史を読み解くおもしろさを、読者の前に示してくれました。が、主人公がらみのストーリーは、そう言われてみればたしかにシンプルです。

ついに結婚式を挙げるレンツォとルチーア
（1840年版、第38章より）

　著書《Diario minimo》のなかで、エーコは『いいなづけ』について次のように述べています。「主人公はあろうことか2人の貧しい恋人たちです。かれらはさる地方の田舎貴族の陰謀によって結婚を邪魔されますが、結局最後には結ばれ、すべてまるくおさまる、というのがその筋書きです。読者がなんとか読みくだかねばならない600頁という分量に比してあまりに中身がないのです」（『ウンベルト・エーコの文体練習』和田忠彦訳 新潮文庫）

　600頁を費やしてマンゾーニはいったい何を語ったのか……エーコは自然描写を大部分カットしていますが、マンゾーニの第1章は連綿と連なる風景描写とともに幕を開けます。訳者の友人のなかには、この描写をこよなく愛し、さらさらと暗誦するコモ出身の人もいます。

物語が始まるコモ湖畔レッコ村の風景
（1840年版、第1章より）

　この自然描写について、エーコは1992年度ハーヴァード大学の連続講義で次のように語りました。「マンゾーニは、新しい選択として地理から歴史へと移行し、それまで地理的に描写されていた場所の歴史を語りはじめます。歴史の後には年代記が登場し、それからようやくわたしたちは、この小道の1つでならず者との運命的な出会いに向かっていくドン・アッボンディオに会うのです。マンゾー

おわりに

ニは偉大な地理学者である神の視点を使って描写を開始し、少しずつ風景のなかに住む人間の視点をとっていきます。しかしかれが神の視点から離れたからといって、わたしたちはだまされてはいけません。小説の結末〔中略〕で読者は、かれがわたしたちに物語っている話が単に人間たちの物語であるばかりでなく、導き、正し、救い、解決する神の摂理の物語であると悟ることでしょう」(『ウンベルト・エーコ 小説の森散策』和田忠彦訳 岩波文庫)。

　原作では風景描写や歴史的背景に多くの頁が割かれました。そして物語を通奏低音のように貫く神の存在には、マンゾーニと同様、エーコもしばしば読者の注意をうながしますが、それが光るのは、エーコならではのアイロニーとユーモアに満ちた、そして温かみのある人物描写において、なのです。臆病なあまり神の僕(しもべ)としての役割がうまく果たせないアッボンディオ司祭の描写には、憐れみのこもった情愛が滲みでているし、直情径行型のクリストーフォロ神父への熱い敬愛も伝わってきます。

　ところで、人物描写といえば、実はずうっと訳者の気にかかっていることがあります。クリストーフォロ神父は裕福な商人のドラ息子でしたが、つまらない喧嘩がもとで召使いが殺されたことに逆上して相手を刺殺。その反省から聖職者となった正義の徒です(第2章 p.32-37)。ルチーアを追いまわすのをやめさせようと、ドン・ロドリーゴの館に単身乗り込んで直談判に及ぶも決裂。ここでもまたカッとなった神父は、威嚇の印に「右手を揚げ左手を腰にあて」て、「剣こそ身に着けていなくとも、決闘はまだ受けて立つぞ」という形相になります(第3章 p.42-43)。しかし、マンゾーニ原文の当該箇所は、mettendo la [mano] destra sull'anca, alzando la sinistra「右手を腰にあて、左手を揚げて」なのです。エーコはなぜ、右手と左手を逆にしたのでしょうか? うっかり? ではありません。「意図的な変更」であることは出版社を通じて確認しました。

　今となってはもうご本人に確かめることはできませんが、あれこれ憶測するのは楽しいものです。原作のクリストーフォロは、僧門に入るきっかけとなった敵討ちの剣を手にした右手を

ドン・ロドリーゴを威嚇するクリストーフォロ神父
(1840年版、第4章より)

大事に温存しておきたかったのでしょうか。一方、エーコ版は、敵を剣で倒した右手にここでもモノ言わせてドン・ロドリーゴを懲らしめたい熱血漢ぶりを伝えているかのようです。画家ゴニンとマンゾーニが話し合って構図を決めた原作の挿絵は、ドン・ロドリーゴが右手でクリストーフォロの左手を摑み、左手でクリストーフォロのマントに隠れた右手を指差しています。おい、そっちの手は? とでも言いたそうな仕草も

La Storia de **I Promessi Sposi**
raccontata da **Umberto Eco**

どこか意味ありげです。人物の心情に細やかな注意を傾けた、そして驚くほど博識なエーコのこと、きっと訳者の想像など遠く及ばない何らかの理由があったのでしょうね。皆さんのお考えはいかがですか?

　本書からはまた、若者の道徳観にまつわるエーコの教育者的な側面を窺い知ることもできます。若者に向けるエーコの優しい眼差しが垣間見えるエピソードをひとつ、ご紹介しましょう。
　吉本ばななが自著『N・P』のイタリア語訳(訳者は前東京イタリア文化会館館長ジョルジョ・アミトラーノ氏)出版記念のためミラノのフェルトリネッリ出版社を訪れたときの話です。今では翻訳やエッセイで有名ですが、当時まだ学生だったアレッサンドロ・ジェレヴィーニさんが友人として同行し、通訳も務めていました。晩餐会の招待客のなかにエーコの姿もあります。大成功を収めた『薔薇の名前』が映画化もされて今や世界に高名を馳せる大作家。その姿を、ジェレヴィーニさんが遠くから眩しく眺めていると、ご本人が近づいてきて、Come mai uno yamatologo così giovane?!?!「ええ? びっくりしたなあ! こんなに若い日本学者がいるなんて!」と声をかけたそうです。駆け出しの若者のもとに自ら歩み寄ってくる気さくな人柄に感激したのはもちろんのこと、「日本学者」には nipponista という単語があるのに、ほとんど業界用語ともいうべきクロウトはだしの "yamatologo" という語彙が彼の口からさりげなくぽろりとこぼれたのにはびっくりしたと、ジェレヴィーニさんが懐かしそうに語ってくれました。

　本書は「ピエートロ」に捧げられています。2016年2月の葬儀で弔辞を読んだのは、15歳の孫エマヌエーレくんでした。ピエートロくんは彼よりも年下のお孫さんで、『プラハの墓地』の日本語訳(橋本勝雄訳　東京創元社)にも「ピエートロに」の献辞があります。2010年の刊行なので、おそらくその頃に生まれたのかもしれません。死期を悟ったエーコ氏は「孫が高校生になるのを見届けたいけれど無理だろう」ともらしておられたそうです。
　2016年2月19日の訃報の後、朝日新聞に掲載された和田忠彦氏による追悼文は「スフォルツァ城での自身の葬儀も、向かいにある自宅の窓から眺めていたい。きっと目を輝かせてそう言うにちがいない」と締めくくられていました。
　思わず微笑みがもれるエピソードもたくさん残して84歳で世を去った、類を見ない現代の知の巨人ウンベルト・エーコ氏に、あらためて、心から哀悼の意を表したいと思います。

本書について

　ラジオ「まいにちイタリア語」テキストに2015年から連載した「ウンベルト・エーコが語る『いいなづけ』の物語」が、1冊の本になりました。
　NHK出版の編集者から対訳連載の提案をいただいたのは2014年夏の終わり、3年半ほど前のことでした。どの作家のどの作品にしようかと一緒にわくわくしながら話し合った末、最終的に決定したのがエーコによる『いいなづけ』です。本書「はじめに」に書いたとおり、ヨーロッパの古典をイタリアの現代作家が独自の解釈に立って自らの言葉で語り直したダイジェスト版シリーズの1作品です。この斬新なシリーズについて情報を提供してくれたのは、畏友入江たまよさんでした。
　イタリアの国民的作家マンゾーニの『いいなづけ』を、知の巨人エーコがどのように解釈して自らの言葉で語ったのか興味は尽きず、2015年、慶應義塾大学での、私にとって最後となる講読の授業の教材に選びました。独文、仏文、英文、美術史、西洋史、法律など、さまざまな専攻分野の学生たちのそれぞれの立場からの自由な感想に耳を傾けながら、19世紀イタリア随一の長編小説を軽やかに語るエーコの口調を若い人たちと一緒に楽しむことができたのが、教員生活のまたとなく幸せな締めくくりであったのは言うまでもありません。語法上の、あるいは内容がらみの難所にぶつかるたびに、講師室で疑問を解決してくれたマルコ・ビオンディさん、そして、マンゾーニ研究者の霜田洋祐さんからは、大変貴重なご教示をいただくことができました。
　テキスト連載に際しては、頼りになる校正者、佐藤エレナさん、石井聖子さんによる訳文と脚注の入念なチェックに、いつも「ありがとう！」とつぶやいていました。単行本化にあたって校正に加わってくださった栗原俊秀さんからも、貴重な指摘をいただきました。また、マルコ・ズバラッリさんによる見事な朗読が、本文の味わいをさらに豊かにしてくれたのは言うまでもありません。
　単行本化にあたって、エーコの訳者であり生前のエーコと親交がおありだった和田忠彦さんから、「さて思いの丈はどこからくるのか──エーコとマンゾーニ」と題する玉稿をお寄せいただきました。身に余る光栄です。ありがとうございました。
　また、連載・単行本とも、すてきなデザインをしてくださった福田美保子さん、単行本化実現の交渉にご尽力いただいたNHK出版の山本耕平さんに心から御礼を申し上げます。そして、この連載と単行本を企画し、入念な準備と細やかな配慮で対訳テキストの緻密な編集実務に携わってくださった松浦ユリアさんには、御礼の言葉をいくら並べても足りないくらい感謝しています。
　こうして1冊にまとまった本書が、読者の皆さんにいつまでも愛されるよう、願ってやみません。

2018年1月　白崎容子

さて思いの丈はどこから来るのか──
エーコとマンゾーニ

和田忠彦

ウンベルト・エーコがこの世を去って2年が経とうとしている。2016年2月19日夜、訃報がまたたく間に世界を駆けめぐる様子を、ぼんやりながめていたことを思い出す。

あのめまぐるしい慌ただしさのなか、エーコの笑顔を思い浮かべながら、なにをぼんやり考えていたのだろうとふり返ってみる。それはたぶんこんなことだったはずだ──さて84年の生涯の、いまとなっては閉じてしまった円環の、どこに視点を定めてみれば、中世美学から哲学・思想全般、記号論から文学論、そして同時代批評にエッセイときて、最後に小説を加えた途方もないひろがりを備えた作家の全体像が見通せるのだろうか。

土台無理な問いと知りつつ、それでも訃報の届いた翌朝に書いた追悼記事のひとつには、その答えを1950年代から死の間際までつづけた週刊誌巻末のコラム・エッセイのうち、『ささやかな日誌』(邦題『ウンベルト・エーコの文体練習』)と銘打って最初に纏められた1963年にもとめられるのではないかとの仮説を掲げてみた。パロディやパスティーシュ(文体模倣)の手法を多彩に、それも軽々と使いこなしながら毎週綴られたエッセイこそ、無類の作家エーコの活動すべてを視界におさめるための《蝶番》なのかもしれないと常づね考えていたからだ。

そしてその《蝶番》のなかには、マンゾーニの『いいなづけ』に触発された文章も少なからずあることをわたしたちは知っている(この点については、本書の訳者白崎容子さんが「おわりに」でふれていらっしゃるので、ここでは繰り返さない)。

『三銃士』のヴィクトル・ユゴー、『パリの秘密』ウージェーヌ・シュー、『シルヴィー』のジェラール・ド・ネルヴァル、『ユリシーズ』のジェイムス・ジョイス、『ロリータ』のウラジーミル・ナボコフ、『文体練習』のレーモン・クノー、『ピノッキオ』と『クオーレ』──エーコが愛した小説作品と作家の名をこうして挙げていくだけで、これらが『ささやかな日誌』に登場したのちも、繰り返し繰り返しエーコの著作のなかでかたちを変えつつすがたを現していることに思いあたる。しかも、それは理論的著作、小説やエッセイといった創作に時評、そのいずれについても言えることだ。

要は、エーコにとって、自己形成のうえでかぎりない滋養をあたえてくれた小説作品とその作家たちは、どんな仕事をしているときでも、望めばつねに拠り所となる、けっして涸れることのない思考の源泉として傍らに控えていたということなのだろう。

そんな源泉から流れ込む滋養豊かな鉱水のなかに、マンゾーニと『いいなづけ』とよばれる成分もふくまれていることは、エーコのさまざまな著作が証明してくれる。

たとえば、エーコが自作小説の種明かしめいた記述や講演を行うとき、じつにしば

寄稿

しば『いいなづけ』とその作者は、小説家エーコに先んじて同一の手法を見事に実践した事例として言及され、分析される。

　遅蒔きながら小説家の仲間入りを果たしたエーコは、デビュー作『薔薇の名前』（1981年）を書く時点において、それがポストモダン小説の典型的特徴を備えた作品になるだろうときわめて明確に自覚していたと述懐する。その特徴を効果的に発揮する手法はマンゾーニに倣ったのだと明かす。発見された手記を手掛かりにするという設定によって、これから語られる物語が信憑性を獲得する手立てを講じたのだと。『薔薇の名前』の冒頭で語られる作者と中世の文書との出会いをめぐる経緯、そしてその文書を読むためには19世紀の翻訳を必要とした事情——該当する箇所に附された見出しにある言葉「手記だ、当然のことながら」こそ、『いいなづけ』の冒頭でマンゾーニが採用した手法に学んだものだと告白する。

　もっとも、その告白は多分に理詰めのもので、「間テクスト的アイロニー」と「暗にふくまれるメタ物語の魅力」を同時併用するという意味における「二重のコード化」という手法の優れた先例として、マンゾーニの冒頭の設定が挙げられるという体になっている。いわば物語論（ナラトロジー）としても記号論としてもマンゾーニとその作品は解析され、現代の小説に滋養をあたえつづけていると、理論と実践ふたつの顔を併せ持つエーコが証明しているわけだ。

　一見、なんとも七面倒くさいマンゾーニとの関係だが、その起源にあるのが、ナイーヴとさえ映る『いいなづけ』の読書体験であることを知るとき、読むという行為に寄せるエーコの信頼のふかさが際立ってくる。

> 　実際わたしはレンツォ・トラマリーノのことなら、自分の父親のことよりよく知っている。父についてはその生涯の、さていったい幾つの逸話を今はもちろん、未来永劫にわたって無視したまま過ごしたとしても構わない（……）。ところがレンツォ・トラマリーノについてであれば、わたしが知っておくべきすべてをわたしは知っていて、仮にマンゾーニがわたしに語っていないことがあれば、それはわたしにとっても、マンゾーニにとっても、そして小説の登場人物としてのレンツォにとっても、些末なことだというわけだ。

　昨秋、歿後最初の評論集として纏められた『巨人の背に乗って』収載の「見えないもの」にあるこの物言いに、作家そして人間としてエーコがマンゾーニに寄せるふかい信頼があらわれている。でなければ、『いいなづけ』のすばらしさを子どもたちに伝える本書のような書物は生まれなかったにちがいない。

和田忠彦（わだ ただひこ）……………………………………………………………………………●
1952年生まれ。東京外国語大学名誉教授。専攻はイタリア近現代文学、文化芸術論。著書に『ヴェネツィア 水の夢』（筑摩書房）、『声、意味ではなく』（平凡社）、『ファシズム、そして』（水声社）、『タブッキをめぐる九つの断章』（共和国）、『遠まわりして聴く』（書肆山田）ほか。訳書にイタロ・カルヴィーノ『パロマー』（岩波文庫）、アントニオ・タブッキ『イザベルに』（河出書房新社）、ウンベルト・エーコ『女王ロアーナ、神秘の炎』（岩波書店）、デ・アミーチス『クオーレ』（平凡社）など多数。

■著者

Umberto Eco
（ウンベルト・エーコ）

写真提供　ユニフォトプレス

1932年、ピエモンテ州アレッサンドリア生まれ。作家、記号学者、思想家、哲学者、ジャーナリスト、大学教師。1980年に発表した知的ミステリー歴史小説『薔薇の名前』が世界的大ベストセラーとなる。その後も小説『フーコーの振り子』『前日島』『バウドリーノ』『女王ロアーナ、神秘の炎』『プラハの墓場』『ヌメロ・ゼロ』を発表。2016年2月、ミラノで死去、84歳。

〜ウンベルト・エーコの自己紹介（原書、2010年発行より）〜

ウンベルト・エーコはたくさんの大学で教鞭をとり、学生に向けてものすごく難しい本を書いた。でも、皆がそれを読むことはまずないだろう。読まなくても大して困ることにはならない。ほかに、長編小説を6編*書いて（一番有名なのは『薔薇の名前』）、現存のイタリア人として世界的に著名な作家のひとりになった。さまざまな国で「名誉学位」を38個も授与されたんだ。「名誉学位」っていうのは、嬉しいことに勉強はしなくても、書いたものが大学の気に入れば授与してもらえる称号だ。それはそうと、彼の物語第1作目を読んだ人はだれもいないよね。彼が10歳のときに書いたものだ。皆も、物語作りに挑戦してみてはどうだろう。

*この紹介文が書かれた後の2015年に7編目の小説『ヌメロ・ゼロ』が発表された。

■イラストレーター

Marco Lorenzetti （マルコ・ロレンツェッティ）

1970年、マルケ州セニガッリヤ生まれ。書籍、演劇、映画のためのイラストを描く。高校で応用美術を学び、大学で芸術社会学の学位を取得。2010年、マチェラータにあるイラスト専門校「アルス・イン・ファーブラ」の卒業とともに、数多くの児童書のイラストを担当する。現在は「スクオーラ・インテルナツィオナーレ・ディ・コミックス」アンコーナ校において書籍イラストの講座やセミナーの企画・構成などに携わる。

■原作者

Alessandro Manzoni
（アレッサンドロ・マンゾーニ）

1785年、ミラノの伯爵家に生まれる。詩人、小説家、劇作家。1827年発表の I promessi sposi『いいなづけ』は、近代イタリア語の規範となる言語を用いた点においても文学史的意義の大きい、この時代のイタリア唯一の長編小説で、19世紀イタリア最大の国民作家と評される。イタリア国家統一に向けての精神的指導者としても尊敬を集めた。1873年、ミラノで死去、88歳。

■ 訳・解説

白崎容子（しらさき・ようこ）

東京生まれ。東京外国語大学ロマンス系言語専攻修士課程修了。ローマ・ラ・サピエンツァ大学（1972-1973）、ローマ第3大学（2002-2003）に留学。元慶應義塾大学教授。1990-2000, 2014-2017年NHKラジオイタリア語講座講師。訳書に『ピランデッロ短編集 カオス・シチリア物語』（白水社、共訳、第1回須賀敦子翻訳賞受賞）、プラーツ『ローマ百景』（ありな書房、共訳）など。著書に『トスカ ― イタリア的愛の結末』（ありな書房）、『名作短編で学ぶイタリア語』（ベレ出版、共編訳）などがある。

■ 朗読

Marco Sbaragli
（マルコ・ズバラッリ）

フィレンツェ出身。フィレンツェ大学外国語・外国文学部卒業。日本語・日本文学を専攻。日本へは明治時代の日本社会思想史・メディア史研究のために来日。イタリアと日本でイタリア語教師を務め、1990年よりリンガビーバ・イタリア語教室講師。現在、同校の共同経営者の1人として校長を務める。イタリア映画の歴史にも大変造詣が深い。

装丁・本文デザイン　福田美保子

校正　佐藤エレナ、石田聖子、栗原俊秀

録音　NHK出版 宇田川スタジオ

写真撮影　日下部健史

編集協力　松浦ユリア

＊本書はラジオ「まいにちイタリア語」2015-2016年度に連載された「ウンベルト・エーコの『いいなづけ』の物語」を再編集したものです。

音声DL BOOK
イタリア語で読む
ウンベルト・エーコの『いいなづけ』

2018（平成30）年2月15日　第1版発行

著　者　ウンベルト・エーコ
訳・解説　白崎容子
発行者　森永公紀
発行所　NHK出版
　　　　〒150-8081 東京都渋谷区宇田川町41-1
　　　　電話 0570-002-045（編集）
　　　　　　 0570-000-321（注文）
　　　　ホームページ http://www.nhk-book.co.jp
　　　　振替 00110-1-49701
印　刷　研究社印刷・大熊整美堂
製　本　藤田製本

乱丁・落丁本はお取り替えいたします。定価はカバーに表示してあります。
本書の無断複写（コピー）は、著作権法上の例外を除き、著作権侵害となります。
Japanese translation copyright © 2018 Yoko Shirasaki
Printed in Japan　ISBN 978-4-14-035155-0 C0087